交易的真相

the Truth of Trading

从1000到1.83亿

极地之鹰 著

企业管理出版社
ENTERPRISE MANAGEMENT PUBLISHING HOUSE

图书在版编目（CIP）数据

交易的真相：从 1000 到 1.83 亿 / 极地之鹰著 . —北京：企业管理出版社，2020.7（2021.1 重印）

ISBN 978-7-5164-2143-7

Ⅰ. ①交… Ⅱ . ①极… Ⅲ . ①投资—基本知识 Ⅳ . ① F830.59

中国版本图书馆 CIP 数据核字（2020）第 087388 号

书　　名：交易的真相：从1000到1.83亿

作　　者：极地之鹰

责任编辑：李坚

书　　号：ISBN 978-7-5164-2143-7

出版发行：企业管理出版社

地　　址：北京市海淀区紫竹院南路17号　　　邮编：100048

网　　址：http：//www.emph.cn

电　　话：编辑部（010）68414643　发行部（010）68701816

电子信箱：qiguan1961@163.com

印　　刷：三河市东方印刷有限公司

经　　销：新华书店

规　　格：147毫米×210毫米　32开本　6.125印张　100千字

版　　次：2020年7月第1版　2021年1月第3次印刷

定　　价：88.00元

前　言

无数个日日夜夜，我守候在K线图表前，也不知道是什么支撑我这么多年面对这样枯燥无味的图表。

或许是信念，或许是对未来生活的美好期许，又或许是不甘心多年的付出无疾而终。可是这条路终究太难，轻而易举地就耗费你多年的光阴。

如果你要让自己走向一时的落魄，那么交易无非是最好的选择。在这条路上，除了我自己之外，所有人都只有两个字的建议，那就是“放弃”。是啊，也许有人会在你一次次的失败后依旧鼓励你创业，可是没有人会鼓励你在亏损的情况下一直从事交易。在不了解交易的人眼里，这似乎就是一群红了眼而无可救药的赌徒。

然而赌徒的情绪常常陷入疯狂，伴随我的却一直只有冷静和寂寞。赌徒永远在玩着低概率的游戏而心存侥幸，而交易者们的成功概率高低，则完全看自己。与天斗，与地斗，与人斗，其乐无穷。与己斗，则其苦无边。

在进入市场之前，我是一位通信网络行业的售前技术顾问，看起来和金融投机一点联系也没有。为什么最终会选择杀入这个市场？可能和我这个人的性格有关系。

在我们这个国家，人情覆盖了生活的方方面面，要想事业有成，人脉很重要。然而我的家庭背景普普通通，在这方面没有任何支持，而我自己呢，虽然性格并不内向，但是天性不喜欢无选择地去讨好客户，然而又偏偏有很大的赚钱野心。当初年少轻狂，导致自己又没有名校的背景。所以，我做不好销售，也没有足够漂亮的履历去吸引投资人支持我创业。而我的个性，在地位平等的交流环境里，例如朋友、同学等人群中，经常有着很好的人缘，能够轻易成为最吸引眼球的核心人物。可是在存在地位差别的环境里，例如老师、老板眼里，我又习惯性地不想吸引眼球，甘愿做一个低调的人。这可能和我小时候成长的高压环境有关，由于父母的严格管教，有什么好事坏事，我都习惯性地不想让我的父母知道。

我的优点是，喜欢吸收新的知识，也非常喜欢思考，基本上脑子是停不下来的。我的智商高，逻辑能力也非常强，就是反应速度一般，也没有数学特长。相对他人而言，我更容易看穿迷雾，看到本质，从而寻找解决方案。所以我想其实我更擅长管理和制定战略，然而我不可能走到老板面前毛遂自荐，“老板，要不你给我个总经理当当？”我只不过是一个普通二本毕业的普通售前，我不可能干出这样的傻事，因为成功率显然是0。然而这不是我要的生活，既然不是我要的生活，我的工作态度也难言积极，于是我就更不显眼了……

曾经我想创业做一个外卖公司，大概是2009年的念头，那时候美团还在千团大战里苦斗，饿了么刚刚诞生，还处于基本无人知晓的境地。我给自己对标的是常州起家的丽华快餐，然而推进到一定程度之后，我停止了。我觉得这个项目有缺点，就是模式创意没问题，但是太容易被复制。我非常担心一旦资本介入到我的竞争对手那里，开始烧钱，我这一叶小舟毫无抵抗力。而如果让我去吸引资本，这就涉及我的短板“不擅长，也不喜欢在不平等地位下交流”，况且我这简历实在是太一般了，我没有足够的信心。

其实我的创业点子还是挺多的，非常容易蹦出来，但是让我画饼吸引风投就有困难了，这是我的短板。能不能让我自己先有第一桶金，先给自己投资，然后拿着一定程度的盈利模式去找投资呢？我想这是我比较喜欢的模式。

这世界上有没有一种不需要费心建立人脉，不受他人影响，只靠自己的能力就能财务自由的路呢？很显然，做一名投机市场的职业交易者，似乎符合这个特征，于是这很快就吸引了我的目光。只是，当我意识到自己选择了一条多么险恶的路的时候，在我的面前，似乎已经毫无退路了。

作者2020年春于沪上

目　录

我们假设有一个人，在投机领域通读所有已知的书籍、帖子和文章，熟悉所有经典和前沿指标，那么他在这个市场上，最可能成为怎样一个人呢？答案很好玩，他其实最可能成为一个骗子。

在趋势/波段交易中，止损必须要设置，但是最好不要被动地等待市场去测试你的止损。什么意思呢？最理想的状态，就是你的止损应该是为了防止特殊情况准备的。进场后，如果价格总是在你的止损位附近磨磨蹭蹭的，你觉得它会磨啊磨的就突然朝你期望的方向爆发了，我劝你早点放弃这种思路。

为什么我们会相信，价格会沿着一根线，或者一个通道精确地运行？只是因为在历史图表上，可以画出来这样的线、这样的通道？其实这存在逻辑问题，不是吗？如果价格加速了，不沿着趋势线走了，你可以说它形成了新的通道。价格如果踩破了又回去，你可以说这是骗局，假突破，忙着去找过滤器，看看怎么过滤掉这个骗局。

然而事情怎么会这么顺利呢？很快我就掉入交易史上第一个大坑了，并非是行情让我掉进大坑，而是我自己把自己栽进了大坑，因为聪明人是很难满足于现状的，如果我笨一些、懒一些，可能2～3年就彻底走上稳定盈利的道路了，不会拖那么久。

我顺带说一句，成交量对价格的意义，我也认为很难利用。突破和见顶底通常会放量没有错，但是这个和突破是真是假、是否有效，没有任何关系。成交量低迷的上涨和下跌无力，没有错，但是成交量高的上涨和下跌就有效吗？未必。

痛定思痛，我决定研究一种完全不预测市场的系统，很快我就想出了一个极简的系统，简单地在近几周的几个外汇图表上模拟测试表明可以盈利，迅速上马，用这个系统我十几天赚了6倍。

如果市场要让大多数人亏损，那么赚钱就是一件很难的事。所以我的犹豫、我的错过，它并不是一个巧合、一个随机事件。在那一瞬间，我不是孤单的一个人，市场上有很多个“我”正经历同样的事。我们为什么会一起错过，只能因为我们有相近的做单思路，一致的心理弱点。在这里请记住一位前辈的这句话：这个市场的一切行为，都只有一个目的，就是耍你。

判断市场的情绪是一个线性的过程，如果行情真的要启动，多半已经有预兆。如果要结束，也多半有预兆。很多人相信巨量有用，其实基于一个逻辑，就是大资金进场了，它要控制拉升行情，它不能让自己亏啊。这就好比你发现开发商拿地价格涨了，所以未来几年房价必须涨到成本以上，开发商它不能让自己亏啊！然而现实是亏损的大户很多很多，倒闭的开发商也很多很多。

1 初入市场

我们假设有一个人，在投机领域通读所有已知的书籍、帖子和文章，熟悉所有经典和前沿指标，那么他在这个市场上，最可能成为怎样一个人呢？答案很好玩，他其实最可能成为一个骗子。

记得最初是受了宋鸿兵《货币战争》一书的影响，觉得白银的大牛市即将来临，于是就杀进黄金和白银的战场。和很多人不一样，在开始投机之前，我没有玩过股票，而是直接摆弄起了杠杆。

甫入市场，一片茫然，总要了解一下前人的经验教训吧？于是乎，和各位看官一样，我开始大量阅读市场上的各种投机书籍，例如《江恩华尔街45年》《如何从商品期货交易中获利》《日本蜡烛图技术》《短线交易秘诀》等，不下几十本经典书籍。我从这些书里获益匪浅，但从另一个角度来看，也可以说受累不少。

获益是因为，前人总结的经验教训，大部分是的的确确有道理的，而受累是因为，你接受了人家的观点，自身却也被这些观点勾勒出的“大道”限制起来，而更可怕的是，对于这一点，你浑然不知。

一个市场，永远是少数人赚取多数的利润，而多数人陷入亏损的泥潭苦苦挣扎。赢家和输家的比例，大概是2∶8，这不仅是投机市场的定律，也是所有市场的定律，甚至是人

类发展的定律。不同的是，在生活中，二八定律这个比例是基本正确的，而在投机市场，成功者和失败者的数量比例实际上比2：8要低不少，这其中却还有一个稳赚不赔的抽水者混迹其中，那就是交易所。

那么，如何让自己成为那一部分少数人呢？很多人会觉得我们可以像当年努力读书考大学一般去努力钻研投机市场，像高考的应试者一般千军万马挤过独木桥，只要持之以恒，克服各种艰险阻力，这种努力终将结出硕果，让自己跻身于那少数的成功者之列。

然而这两者的难度不可同日而语。

首先从竞争者的素质来看，高考的竞争者们很大一部分都平庸而不专心，他们沉迷于游戏、恋爱、小说，对学习并无太多兴趣。而投机市场的竞争者，仅仅从主观能动性而言就远远高于你当年的同学们，更何况当年你的竞争者们时间有限，大多数3年就要上战场。而如今你的竞争者们，浸淫十年的都不在少数。这简直是降维打击！

其次是教材，高考的教材传授于我们的，是经过明确论证的，基本上是毋庸置疑的真理、定理或者公理。答案几乎等于真相，大多数具备唯一性。然而投机市场就悲剧了，你都不确定你读的那些书里的观点是否真的正确，也许是真的正确，但也许曾经正确，如今却不合时宜，甚至也许有的书从头到尾就是个大忽悠写的。如何验证这些作者的水平呢？可能也就只能从他的名气、头衔和传说当中略知一二了。然而，如果一个连续5年盈利的作者，写出一本精妙的书籍，转眼第6年重仓亏损，跳楼不治身亡，那么他写的书，你当如何处之呢？更有一些奇妙的悖论，一个稳定盈利的交易者，是有什么样的逻辑来支撑他分享自己的经验，从而让这个市场变得更加复杂，让自己未来的盈利变得更加困难呢？

我们假设有一个人，在物理学领域，通读过所有已知的物理学书籍以及从古至今所有的物理学术论文，熟悉所有经典和前沿理论以及假设，那么这么一个人，且不论其是否有创新精神，能不能成为下一个爱因斯坦，我想他至少肯定是物理学领域里，这个地球上最顶尖的人之一，且不说是二八里的那百分之二十，哪怕是十万分之一他都挤进去了，成功毋庸置疑。

我们再假设有一个人，在投机市场领域，通读过所有已知的投机书籍以及从古至今所有的投机帖子和文章，熟悉所有经典和前沿指标，那么他在这个投机市场上，最可能成为怎样一个人呢？答案很好玩，他其实最可能成为一个骗子，只能靠写书、讲座、论坛、上电视节目做嘉宾等方法赚钱，你觉得呢?

这就是这个市场最奇妙有趣又悲哀的地方，而本书的目的，是通过我的真实市场经历，希望能够给有缘人指一条真正正确的方向，让你避开各种理论的陷阱，少走一些弯路，希望各位能够耐心看下去。

2

支撑位的困惑

在趋势/波段交易中，止损必须要设置，但是最好不要被动地等待市场去测试你的止损。什么意思呢？最理想的状态，就是你的止损应该是为了防止特殊情况准备的。进场后，如果价格总是在你的止损位附近磨磨蹭蹭的，你觉得它会磨啊磨的就突然朝你期望的方向爆发了，我劝你早点放弃这种思路。

在市场里，最先让我注意到的概念，就是压力和支撑。从盘面的观察可以发现，在一些位置，价格运动缓慢，受到阻力或者压制的情况很明显。这些压力和支撑位，通常位于箱体的顶底部，或者恰好在趋势线某些数值的均线附近，又或者可以通过类似斐波那契回撤线等指标画出来。

通常的观点会认为，压力和支撑可以相互转化。当压力被击破后，原来的压力位置会成为支撑，当支撑被跌破后，原来的支撑位会成为新的压力位。

在有的说法版本里，这些压力和支撑通常是固定的价格，或者固定的价格区域，这意味着用一条水平线可以大致画出压力和支撑区域。

但在有的说法版本里，这些压力和支撑又变成类似趋势线的压力线和支撑线，神奇的是，哪怕从水平线变成了斜线，压力和支撑居然依然可以相互转化?

让我们把这几种情况画出来：

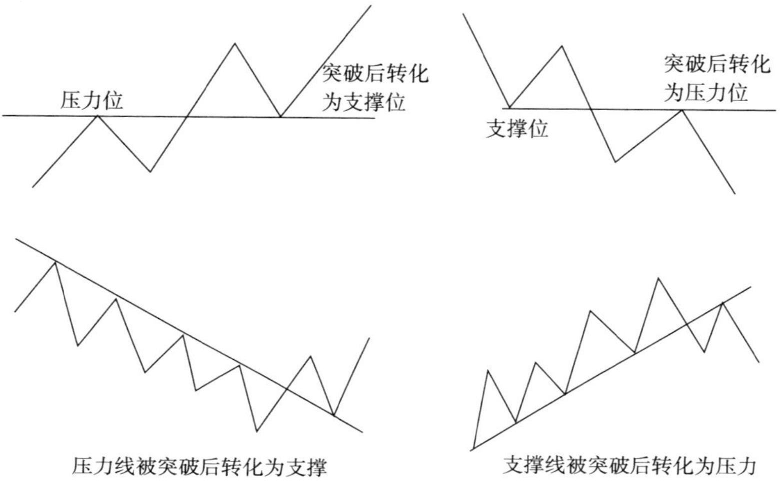

图2.1　压力与支撑互相转化

还有这种以箱体模式推进的：

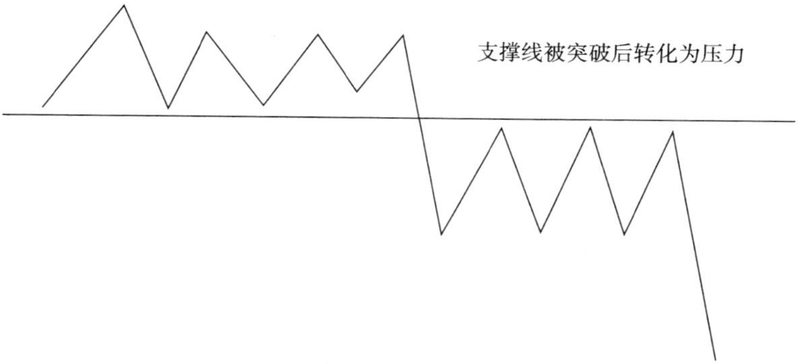

图2.2　箱体模式的压力与支撑

要在真实的K线走势里找到上图中描述的情况并不难，但是还是要费一些小心思。

譬如美元/日元的1小时K线，在2019年4月5日到4月11日这一段走势。

图2.3 2019年4月5日～4月11日美元/日元1小时K线图

我们可以看出，水平线代表支撑和压力，基本符合之前的描述，支撑和压力似乎相互之间确实发生了转化。

但是我们可以看看这段时间前后的两段走势。图2.4是3月22日到4月4日之间的美元/日元1小时K线走势。我把每一个实际产生支撑和压力的地方都画上了水平线。可以看到，这期间称得上完成了相邻两段走势中支撑压力转化的，勉强只有一条而已。不过倒是有两条线，似乎可以称得上是不相邻两段走势中完成了支撑和压力的转化。

图2.4　2019年3月22日～4月4日美元/日元1小时K线图

真的是这样吗？我们真的要想方设法为一个理论能够勉强匹配上走势，而去设立很多额外的解释吗？比如不相邻的两段走势之间的阻力也是可以相互转化的？比如突破需要以收盘价为标准？比如当K线价格突破超过3%才可以算是一种有效突破？又比如压力和支撑不应该是一条线，而应该是一个区域？当我们给理论打上这么多补丁之后，又怎知道这不是为赋新词强说愁呢？

现在我们做个试验，我把这些线条抹去，闭上眼睛随机在这个图表上画四条线，我以人格担保，这四条线是我眼睛瞄着屏幕左上角，不看图表的情况下随机画出来的。

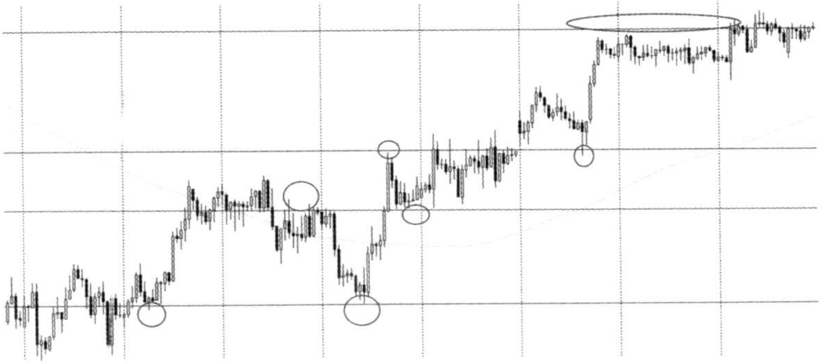

图2.5 随机画线（1）

OMG!我随机画的四条线，居然准确地成为部分阶段的支撑和阻力！我把这些成为支撑和阻力的地方用圆圈圈出来。看到这里有人会说，这是你预先画好的吧？来来，我们把这些线条擦了，再玩一次这个游戏。

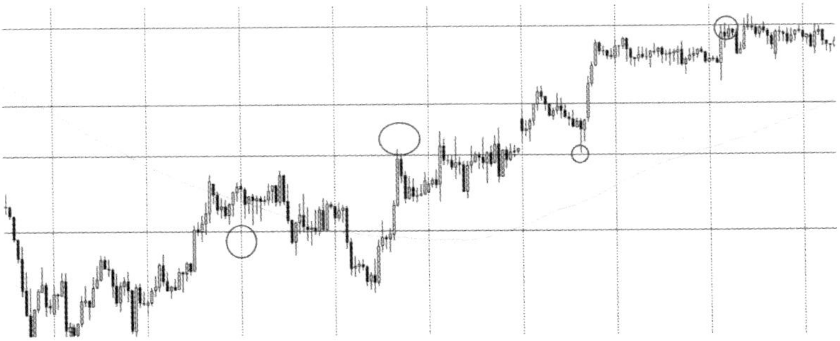

图2.6 随机画线（2）

还是落在了不少区域的阻力支撑位置！这说明什么问题呢？这里留给各位自己思考。

利多
利多
利空
利多
利多
利多
利多
利多
利多
利多
利多
持有多仓

我们再看看后面一段，即美元/日元在4月25日到5月3日之间的1小时K线图走势。

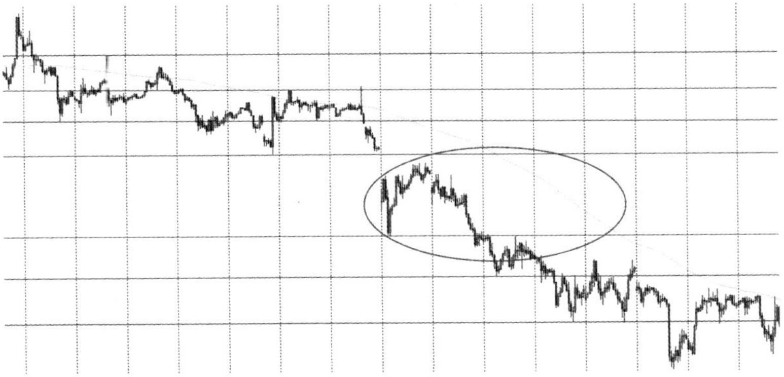

图2.7　2019年4月25日～5月3日美元/日元1小时K线图

我们可以看到，这么多根线条中，只有椭圆中框出的两条线成功完成了支撑和压力的转化。

其实我们多翻翻图表，就可以很轻松地统计出来，所谓压力和支撑的转化，并不是一个大概率的事件。那为什么我们可以从一个小概率事件中推导出一个广为流传的说法，即压力和支撑会互相转化，而不能从一个大概率事件中得出一个截然相反的结论呢？

喜欢辩论的读者应该很容易发现，大多数人都有一个习惯，他们总喜欢选择性地相信自己愿意相信的东西。而在投机这个领域，充斥着一大堆选择性失明的经验和说法，要想建立自己的系统，我觉得首先需要有一个逻辑严密且理性的头脑。

回到当年的我，作为初生牛犊，我并不能看出这里存在的逻辑陷阱。和大家一样，我很自然地想到，既然压力和支撑有效，我们完全可以背靠压力和支撑去做单。于是我最后选择在上升趋势中背靠支撑位，以及下降趋势中背靠压力位开仓。相信很多人有我类似的经历，结果往往就是图表上你觉得靠谱的、获胜概率大的支撑位和压力位，一旦你进场，往往都脆弱如纸。结果显而易见，不断地被止损。其实我还算好的，从一开始就有止损意识，这就是读书带来的好处，但这些好处远远不够，不足以让你盈利。

所以在这里我先给各位透露一个后来我的领悟：**在趋势/波段交易中，止损必须要设置，但是最好不要被动地等待市场去测试你的止损**。什么意思呢？最理想的状态就是，你的止损应该是为了防止特殊情况准备的。进场后，如果你的系统中，老是要容许价格走出一段距离之后，整体掉头去测试你的止损，你期盼它会再次掉头扬长而去，或者价格总是在你的止损位附近磨磨蹭蹭的，你觉得它会磨啊磨的就突然朝你期望的方向爆发了，那么我劝你还是早点放弃这种思路。

3

趋势线的疑问

为什么我们会相信，价格会沿着一根线，或者一个通道精确地运行？只是因为在历史图表上，可以画出来这样的线、这样的通道？其实这存在逻辑问题，不是吗？如果价格加速了，不沿着趋势线走了，你可以说它形成了新的通道。价格如果踩破了又回去，你可以说这是骗局，假突破，忙着去找过滤器，看看怎么过滤掉这个骗局。

在意识到支撑位并不靠谱之后，我开始研究应用趋势线。当我刚开始用趋势线在历史图表上复盘时，感觉自己似乎发现了新大陆。

依旧是USD/JPY的1小时图，我画了两根趋势线，可以看到，如果收盘价站上趋势线后进场的话，似乎都有大把的利润等待着你。

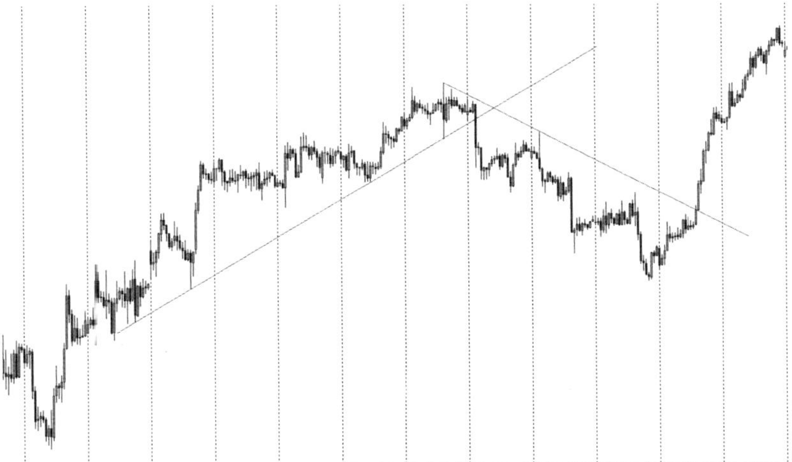

然而仔细看一下，其实对于左边的那根线，我们可以这么画：

28 Mar 05:00
28 Mar 21:00
29 Mar 13:00
1 Apr 05:00
1 Apr 21:00
2 Apr 13:00
3 Apr 05:00
3 Apr 21:00
4 Apr 13:00
5 Apr 05:00
5 Apr 21:00
8 Apr 13:00
9 Apr 05:00
9 Apr 21:00
10 Apr 13:00
11 Apr 05:00

还可以这么画：

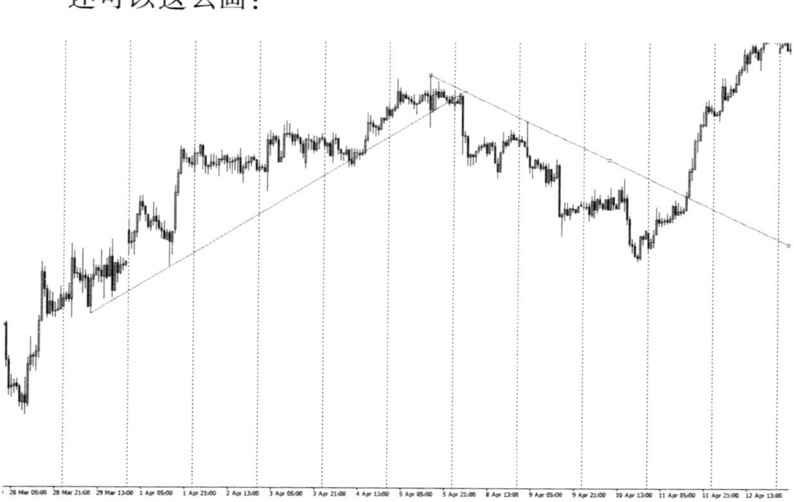
28 Mar 05:00
28 Mar 21:00
29 Mar 13:00
1 Apr 05:00
1 Apr 21:00
2 Apr 13:00
3 Apr 05:00
3 Apr 21:00
4 Apr 13:00
5 Apr 05:00
5 Apr 21:00
8 Apr 13:00
9 Apr 05:00
9 Apr 21:00
10 Apr 13:00
11 Apr 05:00
11 Apr 21:00
12 Apr 13:00

还能这么画：

又或者这么画：

所以这个线其实是很主观的一个标准，怎么画？两个点确认一条线？三个点确认一条线？用收盘价画线会不会比用最低价好呢？收盘价破线反手呢，还是破线即刻反手？还是给破线留一点空间呢？比如破5个点之内无视之类的。又或者破线后等待二次回踩确认呢？每个人心里可能都有不同的标准，又都有很多疑问。

相信大家都有过很深刻的体会，我们自己打磨的系统，在模拟运行阶段，通常表现都还不错，甚至可能可以称得上优秀。但是一旦实盘操作起来，就完全不是模拟的那个样子。很多时候我们都会感觉是自己的各种低级失误造成的亏损。但对于一个非程序自动化系统而言，这是一个多方因素交织的结果（请注意这里只讨论非程序自动化系统），包括以下几种可能：

A.心理因素。例如在实盘中不能坚持执行自己的系统，主观操作等。

B.客观因素。例如在实盘中不能保持专注而错失盈利机会等。

C.系统测试缺陷。在人工测试系统阶段，很多盈利的情况是我们潜意识里主观倾向造成的，从而造成系统测试结果失真。

D.系统设计缺陷。系统过于复杂化，试图应对各种现象和场面，造成执行困难，很多时候你自己都记不住所有的操作处理方法。在模拟阶段总是最理想化地让结果符合系统，一旦实盘差异很大。

E.系统优化陷阱。由于多数人都习惯以结果论英雄，一旦系统在一段时间内（这时间的长短根据各位的性格决定）的表现不尽如人意，就可能怀疑系统对于某些现象的应对方法不当，从而频繁地修改系统。

F.系统理念缺陷。你其实走进了一条死胡同，在错误的道路上越走越远。譬如有人甚至引入了周易八卦等玄学内容。至于为什么会走入一个死胡同，我觉得是因为逻辑思考能力不足的缘故，我们之后会讨论。

很不幸的是，之所以交易稳定盈利难度特别高，往往不是你犯了以上六条错误里的某一条，而是这六条错误你一个都没有落下，自己回想看看，是不是一个也逃不掉呢？

先回到趋势线这边来，在不断优化我的趋势线画法无果的情况下，我开始怀疑趋势线的逻辑原理。为什么我们会相信，价格会沿着一根线，或者一个通道精确地运行？只是因为在历史图表上，可以画出来这样的线、这样的通道？你便相信冥冥之中有一种力量，让价格会沿着根据历史上有过的几个低点/高点画出的线运行？其实这存在逻辑问题，不是吗？如果价格加速了，不沿着趋势线走了，你可以说它形成了新的通道；价格如果踩破了又回去，你可以说这是骗局，假突破，忙着去找过滤器，看看怎么过滤掉这个骗局；价格破了线往下走，你欢呼雀跃，看看，果然是破线就向下走啊。

讲到这里，我给大家举一个有意思的例子。我的母亲是一个虔诚的佛教徒，每天都会在佛前为我和我的家庭祈祷，然而并没有什么用。偶尔我遇到一些好事，我母亲于是便喜形于色，告诉我这是她在佛祖面前祈祷的功劳。更多的时候我运气并不足够好，遇到一些不好的事，我于是调侃母亲，为什么你的祈祷没效果了呢？佛祖为何不显灵呢？我母亲便会郑重地说，这是你上辈子的业报。

再举一个例子，有一个攀爬者，从一楼阳台往上爬，爬到3楼的时候，手滑了一下，掉到了2楼，拉住了一个勾子，稳住了，再次上爬。爬到了5楼的时候，又滑了一下，掉到了4楼，抓住了阳台护栏，稳住了，再次上爬。张三在下面观察攀爬者，便说，我发现一个规律，每次在2的整数倍楼层，这个人都会被冥冥之中一股力量给保佑托住，下一个保护楼层应该是6楼，如果在6楼没被托住，那就他就挂了。话音刚落，这个人从8楼直线摔下来掉到地上。张三拍手道："看吧，破了6楼的保护，就直线下跌了，我说的没错吧！"

在第一个例子中，我的母亲形成了一套无懈可击的、闭环的强大逻辑，以至于我没有办法有力地反驳她。如果我们总是在交易中，仅仅根据图表上若有若无的一些迹象，总结出一些规律，在规律能够匹配获利结果的时候，坚信自己发现了圣杯，而在规律不能够匹配获利结果时，我们辩称这是由于市场的不确定性造成的。那么我们就同样形成了一套类似的逻辑。

看到这里有人会说，怎么能这么说呢？市场上并没有保证每次操作都获利的方法啊？只要我的方法在概率上是大概率获利的，那么就可以了啊！

没错，这个说法并没有问题。但是由于存在主观倾向和样本统计过少的现象，我敢说在所有交易者里，九成以上，都不能正确地统计出自己方法的获利概率。况且，既然你总结出的是一个伪规律，那么凭什么它有大概率获利的可能呢？

我们再看第二个例子，这是以结果推导规律的过程中，大多数人都无法跳过的逻辑陷阱。趋势线的"支撑和压制"

破了6楼的保护
就直线下跌，我
说得没错吧！
8
6
4
2

效果，其实就是这么反推出来的。假如攀爬者从8楼摔下来，中途又用手抓住了4楼，而不是直接摔到地上。那么之前的统计出的规律似乎作废了，观察者是不是又可以说，咦，这个爬墙的人，每次掉下来的楼层是3、5、8，这是斐波那契数列啊，原来在这个楼层上方有压制，那么下一个压制点应该在13！

人们总是容易选择相信自己愿意相信的东西，一旦你形成压力和支撑的固化思维，那么你总会试图去找出压力和支撑的规律。然而价格总不可能像一条射线一般以某种角度前进，总要走走停停吧？就好比一个人在前进的时候，停下来喝水休息一下，这需要任何外部的理由吗？其实根本不需要，不是吗？然而你为什么老要给人家找一个外部的理由呢？这就要拜你的思维习惯所赐了。在现实中，很多分析师们不是也总喜欢给价格的涨跌套上一个基本面的理由吗，真正的原因是那些你以为的原因吗？其实不过五五之数罢了。

交易者身处市场中，迷雾重重，这期间种种乱象，当如何拨开呢？我们慢慢一一道来。

4

随机指标和多周期共振

然而事情怎么会这么顺利呢？很快我就掉入交易史上第一个大坑了，并非是行情让我掉进大坑，而是我自己把自己栽进了大坑，因为聪明人是很难满足于现状的，如果我笨一些、懒一些，可能2～3年就彻底走上稳定盈利的道路了，不会拖那么久。

放弃了趋势线之后，我开始寻找一个更适合我的指标。很快，stochastic oscillator指标进入了我的视野，国内期货交易软件里叫KD（随机指标）。

这个指标是我在fxclub多年前拍摄的外汇交易入门视频里看到的，看起来很好用的样子，我就拿过来了。

如下图，随机指标底部超卖区域，顶部为超买区域，当两条线金叉，离开超卖区域，我们买入。当两条线死叉，离开超买区域，我们卖出。

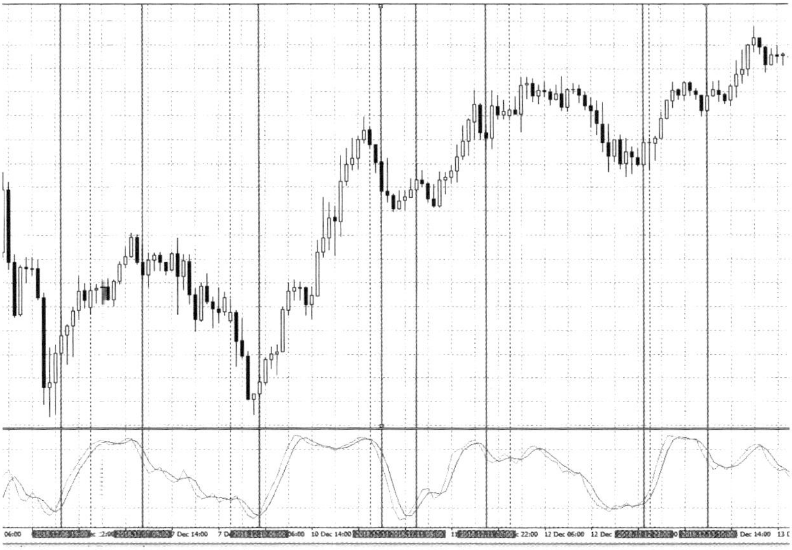

是不是看起来还挺好用的样子？不过碰到下图这种行情，波动率比较低，就不是很好用。

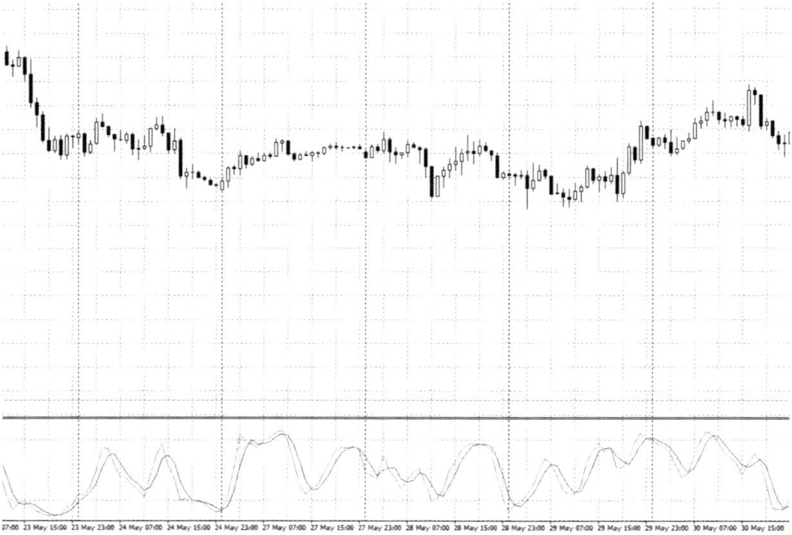

当碰到趋势比较纠结的时候，或者是趋势方向明确但呈现出慢速爬行的姿态时，这个指标应用起来就会比较痛苦。当趋势明确的时候，如果机械地按照指标买入卖出，逆着趋势的单子也很难赚钱。

怎么办呢？必须要过滤一下。有趋势书里提到过周期共振，我很快就开始用上了，同时用两个周期吧，4小时和1小时。4小时从超买区跌下来，价格往下走的时候，我在1小时找同样的机会只空不多。这种共振思路，的确有一定效果，到后面我还想提高胜率，能不能三周期共振呢？同样的道理我弄了三周期，在这个系统里鼓捣来鼓捣去，外汇上的周期切来切去。亏损的速度倒是慢下来了，但是始终也没赚钱。

有一天我眼睛瞄上了国内期货，看了国内的K线图，咦，好像发现了新大陆一般，感觉国内的期货K线比外汇简单。简单复盘一下，这个方法拿进来好像还能赚钱，当时外汇确实行情也纠结，国内期货很多品种大周期放眼看上去就像个大单边，于是风风火火就杀进来了。

进来以后，在大周期上，确实是开始赚钱了。为什么外汇赚不了钱，期货可以赚钱呢？当时我认为应该是外汇24小时，期货一天就几小时，所以资金在期货的K线里是充分碰撞的，不像外汇，欧美亚三个区的人是要轮流开盘和睡觉的，所以期货的假动作、骗线整体上比外汇要少。这是一个假设，有一定道理，但是也不能证明什么。

回到我的交易方法这里，我虽然赚钱了，其实还有很多缺点。人是永远也不满足的，方法里只要还存在不确定的地方、似乎可以改进的地方，不知道别人怎样，我肯定就一头钻进去研究。所以在这行最快达到赚钱境界的，基本不是聪明人，而是笨人或者懒人；最容易钻进死胡同的人，反而是所谓的聪明人。

这时候我面临几个问题。

一是止损的设置。止损这个东西，我由于是踩着前人经验进来的，所以开始就没打算死扛，死扛爆仓的故事已经耳熟能详。但是怎么止损呢？我曾经用最笨的方法，固定几十个点止损，比如我接受单次亏损5%，那就算好5%资金对应50个点止损，就以这么计算后得出的仓位进场。后来随着自己的进步，觉得这种止损实在是没有什么道理，就直接采用进场时价格短期最高点/最低点止损，还是固定5%资金亏损，根据开仓的价格决定开多少手，不过这么一搞，我每次开的仓位就不一样了，而亏损的金额则是固定5%。至于其他的止损形式，例如斐波那契数列之类的，从本质上我是根本不信这种玩意的，过去是，直到现在也是。

二是震荡。非常非常讨厌这个东西，相信大家也很讨厌。不是都说么，做趋势的死在震荡中。应用这类系统，进场位置会很一般，从而决定了止损点数不会很小，而大止损决定了你的仓位要轻，你的仓位轻决定了获利幅度不大，如果碰上震荡市，持仓盈利不久就可能转亏损，如果你上移止损，可能没赚几个子就出局，如果你坚持不上移止损要玩一票大的，你就要经常面临浮盈消失变成浮亏的心理考验，对于这个阶段的你而言，这种考验很容易出人命。

对后期的我而言，震荡不是个问题，一眼看上去就知道要震荡或者已经震荡了。可当时的我，完全没有这个觉悟，面对震荡，可以说我的内心在呐喊。你们都说不做震荡，可是震荡开始的时候我根本不知道要震荡呀，当你被来回止损几次后，你才发现震荡了。这××的我是可以不做了，但是已经亏出血了。

说到这里，我特意和各位讨论一下震荡。可能很多人觉得震荡是一个随机事件，这个只能说对了一半。震荡的结果是随机的，但是震荡的产生并不是随机的。其原因不外乎两种：A.市场缺乏动力，多空双方都在观望，通常此类震荡振幅偏小；B.多空双方激烈交战，通常此类震荡振幅偏大。不论A还是B，都意味着多空双方对后市的方向判断出现较大的分歧，所以其出现的征兆，则必然是多空分歧由小变大，从而导致市场运动速度的逐步减缓。

但以那个阶段我的认知，对于震荡就是无解的，唯一办法就是尽量早发现，你看，我已经发现我的进场位置很一般了，于是脑筋就动到了改善我的进场位置方面。

怎么改善进场位置呢？由于之前经常在几个周期切换来切换去，慢慢就看得更明白了一些，用不同周期去观察当前价格的方向，方向有时一致，有时是相反的。大周期趋势

气死我了！
做趋势的

中的回撤，放在小周期而言就是它的主趋势，两者终究将走向一致，不是小周期把大周期带歪，就是大周期把小周期摆正，谁的概率大一些呢？看来看去，还是大周期靠谱一些，那么小周期会大概率服从于大周期？好吧，那我们在小周期来抄个底试试？

一开始的尝试是失败居多的，那个时候我还没有什么箱体的概念，发现失败概率大的时候，就简单做了个改进，在小趋势上找W底/M顶，不一定要非常严格，大概像个W或者M就可以。

在国内期货较长的周期里（我当时一直是把30分钟周期当作小趋势框架，日线当成大趋势框架），其实这么做效果还可以，确实有改善。

好了，进场有改善了，又开始头痛出场了。这时候我开始慢慢觉得进场不是个大问题，最难的就是出场，经常在浮盈变亏损离场和无法利益最大化中纠结。所以到这个时候我其实一直不算有一个真正的系统，只能说是方法，如果有一个真正的系统，怎么会纠结于出场呢？

虽然纠结，但是总体是盈利的状态，当然和当时的行情简单有很大关系。你们知道30分钟K线在期货而言是很大的周期了，一波这个级别的单边行情持续几个月挺正常的。这个时候我迈入投机市场也就1年多，心里还是颇有些洋洋自得的，就忽略了我一直没法在外汇上稳定盈利的事实。

然而事情怎么会这么顺利呢？很快我就掉入交易史上第一个大坑了，并非是行情让我掉进大坑，而是我自己把自己栽进了大坑，因为聪明人是很难满足于现状的，如果我“笨”一些、懒一些，可能2～3年就彻底走上稳定盈利的道路了，不会拖那么久。不过如果这样的话，我也就充其量给各位写个普通的技术书，就是那种让各位一看就是过来人写的帖子，然而说的话，教授的经验，都是典型的传统经验，例如强调止损的重要性，强调要用自己的系统来界定趋势，趋势怎样不重要，你怎么定义它最重要。强调价格的方向无法预测，强调系统一定要严格执行，不属于自己的利润不要眼红，等等。这些话都非常正确，然而其实都是被前人重复过无数次的，再无一丝新意。

5 持仓迷局

我顺带说一句，成交量对价格的意义，我也认为很难利用。突破和见顶底通常会放量没有错，但是这个和突破是真是假、是否有效，没有任何关系。成交量低迷的上涨和下跌无力，没有错，但是成交量高的上涨和下跌就有效吗？未必。

话说我误入歧途，和我的一个朋友有点关系。这个朋友在外汇上据说是稳定盈利，具体盈利能力到什么程度呢，只是从其偶尔晒出的成交记录来看，还是不错的。他有十几个客户，掌管着约百万美金的客户财产，当然因为是网友的关系，我也没有亲自见证。这个朋友后来还发明了一种交易方法，也出书了，他称为《无极交易法》，比较强调时间周期，具体理论比较复杂，我看的是云里雾里，这是题外话，这里按下不表。

那时候聊天，聊起了外汇平台fxcm控股的网站，叫dailyfx的，每天都会提供一个叫客户情绪指数的报告（现在已经不大一样了，我本想过去截图，不过已经不是当初的样子），这里可以看到平台所有客户的多单和空单持仓情况。

通过图表可以发现一个有趣的现象，在大周期上，当价格一路上涨的时候，多头的持仓总是不断地减少，空头的持仓总是不断地增加，到了一个极值之后呢，价格就到了顶部，开始下跌，这时情况就反过来，空头持仓不断减少，多头持仓不断增加，又到了一个极值之后呢，价格就到了底部，开始上涨，如此往复。

这和很多人的想象是不一样的。一个牛市，应该是买的人多，卖的人少，多头持仓应该随着价格上涨不断增多呀？然而事实就是事实，确实是不断减少的。如果你从另外一个角度来想，其实这也符合人性嘛，散户不总是亏了就死扛、赚了点就跑吗？所以价格一路上涨的时候，空头持仓越来越多，那都是被套的。多头持仓一路减少，因为赚了点钱散户拿不住嘛。所以大多数人亏损，其实不是因为看错了方向，即使看对了方向，如果没有正确的处理，总体上照样亏钱，如果看错了方向，正确的止损+适当的反手，总体上照样赚钱。

就比如说我，自以为发现了个真相，也没有多想想，心里一下觉得窥破了终极奥秘似的，马上就着急应用。我看了当时黄金的持仓分析，已经和上一个持仓高点打平还略超了，于是我就认为要反转了。兴高采烈地买入/卖出（我已经不记得我是买入还是卖出了），我记得是一个周五，当天走的还符合预期，结果过了个周末，我就被封在跌停板（或者是涨停板），连续三天不能出来。亏了大概有十几万吧，整个人都傻了。

其实我发现的是个真相没错，但是也是无法应用在抄底上的，因为每次的多空仓极值是无法预测的，极值其实只有事后才能看出来。

这个事情之后我总结错误，只是总结了自己不应该急着马上套用新的规则，应该有认真的研究准备，但是对研究方向并不怀疑，我一度认为这才是究极的真相，于是我继续沉迷于研究持仓。

我找了下新浪期货里每天更新的期货持仓情况，就是图5.1这个样子的，这么多年了还是这样，一点也没变。

我把每天各品种持仓前10的总仓位记录下来，然后持续观察这些仓位的变化情况。我认为这些持仓可以代表大户的思维，和价格应该是正相关，就是增仓之后呢，大概率是上涨，减仓之后呢，大概率是下跌。有时候这种分析是奏效的，我挺开心，觉得还研究K线干吗？K线是由买卖者的行为驱动的，我看持仓是直接找到了价格的驱动者，这才是影响价格的关键嘛。然而有时候却又是不奏效的，这种就被我自动忽略了，没有什么是稳赚不赔的嘛。

也不记得折腾了多久，至少几个月吧，最终我发现持仓分析和价格的关系完全是随机的正相关，本来我不折腾按原来的方法还能赚钱，研究这个之后彻底不赚钱了。没办法，实在是不折腾不舒服，持仓分析这条路，走不通。

××成交
成交××
缩量下跌，别怕
天量天价
量在价先
如何看成交量
量价精研

期货合约：沪镍1912　日期：2019-10-15　查看

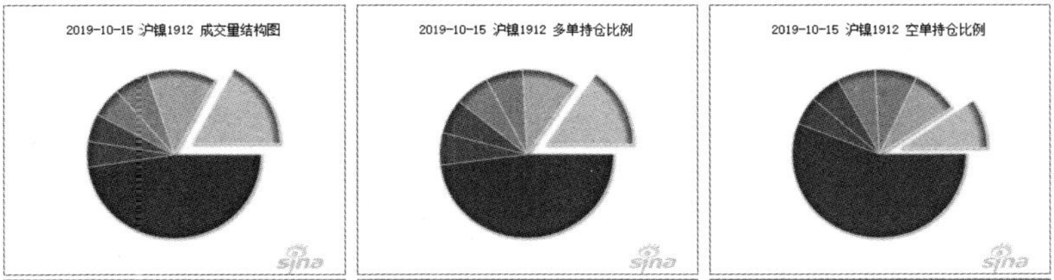

华泰期货	17.09%	中信期货	15.34%	国泰君安	9.28%
中信期货	12.94%	信达期货	10.45%	中信期货	8.71%
西部期货	6.51%	兴业期货	6.92%	五矿经易	7.82%
东证期货	5.65%	浙商期货	6.59%	永安期货	7.17%
徽商期货	5.28%	南华期货	6.59%	金元期货	5.79%
兴证期货	4.91%	国泰君安	6.17%	华泰期货	5.37%

名次	会员简称	成交量	比上交易增减	名次	会员简称	多单持仓	比上交易增减	名次	会员简称	空单持仓	比上交易增减
1	华泰期货	165664	35885	1	中信期货	20846	7311	1	国泰君安	10432	1903
2	中信期货	125423	59646	2	信达期货	14202	2915	2	中信期货	9792	-2456
3	西部期货	63101	23328	3	兴业期货	9412	100	3	五矿经易	8787	691
4	东证期货	54775	19571	4	浙商期货	8962	584	4	永安期货	8055	437
5	徽商期货	51235	27666	5	南华期货	8953	318	5	金元期货	6513	148
6	兴证期货	47559	7811	6	国泰君安	8392	280	6	华泰期货	6033	1899
7	国信期货	46569	25432	7	瑞达期货	7672	51	7	中粮期货	5937	1085
8	方正中期	45556	28158	8	中粮期货	7510	-938	8	浙商期货	5897	174
9	银河期货	45011	31516	9	五矿经易	7459	2410	9	银河期货	5429	-481
10	海通期货	44044	19248	10	光大期货	5957	-174	10	东证期货	5390	384
11	华安期货	38261	18179	11	东证期货	5826	595	11	南华期货	5308	929
12	国投安信	37397	14788	12	海通期货	4885	-282	12	方正中期	5027	473
13	国泰君安	34083	14506	13	中国国际	4423	2134	13	国投安信	4560	838
14	光大期货	33014	20850	14	华泰期货	3971	487	14	光大期货	4481	-6
15	五矿经易	29449	-4351	15	建信期货	3384	-1559	15	海通期货	4003	1484
16	华闻期货	27457	23396	16	国投安信	3212	173	16	长江期货	3786	88

图5.1　沪镍期货持仓情况

话说到这，我顺带说一句，成交量对价格的意义，我也认为很难利用。突破和见顶底通常会放量没有错，但是这个和突破是真是假、是否有效，没有任何关系。成交量低迷的上涨和下跌无力，没有错，但是成交量高的上涨和下跌就有效吗？未必。你再想想，你去搜索引擎上一搜，大批的文章教你怎么看成交量，这种被普遍流传的方法，能让你赚钱？

那市场不就倒过来写了么？

再举个例子，你现在用日本蜡烛图形态，你想通过蜡烛图那几种形态赚钱？什么乌云盖顶、十字星等等，本间宗久是可以靠它赚钱，因为那时只有他一个人掌握，在现在这个时代，想都不要想。

蜡烛图就四个价格，开盘价、收盘价、最高价、最低价。什么叫开盘和收盘？收盘后你想交易要等明天了，一天就那么几个小时交易，收盘价和开盘价客观上代表了两种情绪。本间宗久按每天市场的开盘价和收盘价研究出蜡烛图，被现代人拿来用到1分钟、5分钟、15分钟、30分钟、1小时周期上，已经完全失去了当初的意义。在这么有限的时间里，交易也非间断性，这种情况下的收盘价和开盘价失去了两种情绪的辅助，其参考价值还有多大呢？所以蜡烛图里单根K线的各种形态，在日线以下的图表里应用，其实是没有意义的，就算在日线上应用，在一个24小时连续的交易市场里，也是没有意义的。

说来说去，我这个阶段其实就是在不断地试图以各种形式预测市场。预测市场和伴随而来的抄底摸顶这种心理，是多数交易者的心魔，虽然你可能完全知道这条路不对，但是它随时会在你心里不在意的时候、薄弱的时候、骄傲的时候，默默地卷土重来。

6

迷上了不下马交易

痛定思痛，我决定研究一种完全不预测市场的系统，很快我就想出了一个极简的系统，简单地在近几周的几个外汇图表上模拟测试表明可以盈利，迅速上马，用这个系统我十几天赚了6倍。

经过以上种种，我痛定思痛，决定研究一种完全不预测市场的系统。很快我就想出了一个极简的系统，简单地在近几周的几个外汇图表上模拟测试表明可以盈利，迅速上马，用这个系统我在外汇上十几天赚了6倍。

这个系统非常简单，就是在30分钟图表上，如果有一根K线的收盘价，低于前三根K线的最低价，那么就做空；如果有一根K线的收盘价，高于这根K线前三根K线的最高价，那么就做多。如果之前持有反向仓位，则直接反手。

简单吧？非常简单，完全不预测市场，而且还是个不下马的系统，不断地反手。我靠这个系统，一开始赚钱还是蛮HIGH的，不过呢，其实也是当时的行情刚好比较适合这个系统。过了一段时间，等到整体市场的波幅减小后，就开始不断亏损。我意识到市场整体的波动幅度变小导致亏损后，就开始研究各种各样的过滤器，并把这个系统程序化，这也是我研究历史上唯一一个程序化的系统，因为太容易了。

我的过滤器开始时集中在试图逆势单的方向，比如说设定一个均线值，在这个均线下只空不多，在均线上只多不空，等等。在用EA对一年数据回溯测试后发现，效果并不是特别明显，只能说是略有改善。然后主要方向就转移到过滤那些市场不活跃的时机上，引入了其他一些指标做测试，典型的有ADX指标，通常ADX值在20以下代表市场没有趋势，把ADX值在指定值以下的情况整体过滤掉不交易。效果比均线判断多空好，如果把二者结合起来就更好。

但是，这个系统在大多数货币对的10年回溯模拟测试里，取得了不等的总收益，有的还不错，有的一般，有个别的货币对并没有取得正收益，而且在10年里，也不是每一年都一定正收益的。这并不是我想要的，经过几个月的研究，不断过滤没有特别大的起色后，我慢慢就开始寻找新的方向了。当然以现在的眼光来看，这个系统有很多修改的方法，只需要过滤掉那些盘整的行情，要盈利还是比较容易的。又过了几年，我偶然才知道，原来这个方法国外很早就有人提出过了，还是挺知名的一个策略，策略的名字我忘记了，总之和我的方法虽然不是100%吻合，但是其思路几乎是一模一样的。但我想出这个方法，完全基于自己的独立思考，未参考任何人的思路，也算是一种巧合。

由于在过滤器的研究里，我开始应用均线作为过滤，慢慢对均线有了一定了解。其实早就知道很多人的系统里都有均线的影子，但是我一直没有应用过，因为我主观上觉得均线是一个滞后的指标，均线是平均价格的反应，属于事后看有效，其实是幻觉类的指标，类似我曾采用的趋势线。但是时间慢慢改变了我的想法，我发现有不少高手确实都在应用只有均线作为参考指标的系统，那么为什么我不能研究一个均线系统呢？说干就干，很快我的一个基本系统在几天内就出炉了。

我的第一个均线系统什么样呢？也是非常简单，搞一串均线，10、20、30、40、50、60，然后在一小时周期上专门等价格波动范围越来越小近似直线时，做“出水芙蓉”形态，等到均线发散开始拉开后，价格通常会沿着一个方向爆发，然后等到回踩这一串小均线里某个小均线时出场。

其实这个系统在部分品种上加以深入研究也是可以走向稳定盈利的，只不过，我才应用了两周不到，赚了点小钱之后，那一颗不安分的心又开始蠢蠢欲动了，我很快又遇上了我个人投机史上最大的一个坑。在这之前的投机历史上，我总共也就玩了两年多而已，然而这个大坑直接坑了我好几年。我对这个坑，可谓又爱、又恨，恨的是浪费了我好多时间，爱的是我最终的系统基本框架，还是和这个坑有那么一点点关系的。

最近的操作堪称完美
很快就要财务自由啦！

由于一位网友的推荐，我迷上了网上某理论大师的不下马交易理论。上面有提到，我的那个简单的三根K线交易系统，也是不下马的。因为我最早在研究那个系统的时候，并不想做不下马，我曾经试验过很多过滤器，比如最简单的，在某均线之上只多不空，在均线之下只空不多。但是发现并没有多少优势，很多时候最大的一笔利润反而来自均线之上的空单或者均线之下的多单，还不如不过滤，直接无观点、不预测，多空不断反手。

所以，乍一看到这位大师提出的30/120不下马交易系统，心中颇以为然。那个时候，大师博客里有许多文章，我大概看了几遍，大部分思想我是认同的，除了一点当时就觉得有点不对劲，就是大师对均线的描述，大师把均线说成是道氏理论讲的平均价格指数的体现。我当时就觉得不对了，道氏理论讲的平均价格指数对行情的指导作用，其实意思就是指道琼斯指数、上证指数、日经指数这样的选取一些重要成分股的走势算出来的所谓平均价格指数可以作为行情的参考。怎么到了大师这里平均价格指数变成均线了？如果均线是平均价格指数，那么其实图表上调整均线参数可以画出无数根均线，那么谁是谁的平均？120均线又平的是谁的均呢？

不过我没有深究这些理论缺陷，在大师博客上和公开资料中的诸多误导信号中，开始深深地扎入研究经过改进的、理论基础上属于大师体系内的多均线交易系统。

关于大师的系统，由于这是本公开出版的书籍，我就不再做进一步的评价了。大师后来开了培训班，学费十万，貌似也收了十几名徒弟，之后又在网上搞直播，收费不菲，又割了一波韭菜，然而其展示的实盘最后亏损严重，慢慢也就越来越低调，声音越来越小了。

其实大师也算是一个执着的人，在执着地追求自己心中圣杯的同时，分享了许多感悟，这些感悟并非虚假，乃是经验的总结，其看起来必然有一定的道理，所以信徒累积了不少。我想大师早期并非刻意去做一个骗子，而是真的在修行，只是理论说得越来越好，实际却迟迟没能稳定盈利，手头的钱越来越少，最终迫不得已也走上收费教学之路。直到这个时候我猜他也不认为自己是在骗人，满脑子想着经过最后的总结，通过学费吸收到一波资金作为资本，成功起飞那是胜券在握，所以同时也向大众展示了实盘。岂料天不遂人愿，最后再次亏个血本无归，由于是实盘展示，无法回头，糟蹋了自己多年来积攒的好名声。

接下来我们聊聊大师作为理论上的巨人，实战中死在哪里。

任何一个人，他的结局和他的性格、习惯，都有深深的因果关系。很多时候，你只需要观察仔细一点就能发现。

投机市场有一本非常知名的著作——《股票大作手回忆录》，被很多人奉为圭臬。其实这本书大概也就只能让初入市场的新手眼前一亮，可是人们能从这本书里学到什么有实质性帮助的东西吗？我认为一点都没有。如果你买了我这本书，请不要把我的书和那本书，以及……（此处省去百余本）放在一个书架上。

虽然学不到什么有用的，不过我对利弗莫尔的一个操作记忆犹新，这里摘录下来：

我们发现那天市场强劲，非常活跃。朋友非常看多，他还少量持有一只低价股，现在已经涨了几个点了。他开始对我说，继续持仓等待价位涨到更高是多么明智的事情啊。我没太注意，也懒得附和，只是专心浏览报价板，发现大部分股票都在涨，直到我看到联合太平洋铁路股。我突然感觉应当做空它，就是这个感觉，没有太多可说的。我只是感觉想做空而已。我问我自己为什么有这种感觉，却发现不了任何理由。

之后利弗莫尔就做空了这只股票，第三天旧金山地震了，市场开始下跌，他继续加码，赚了他当时最大的一票，25万美元。

你们看这个人，靠一种没有任何理由的感觉赚了一票，遭遇了地震这种偶然事件，还挺沾沾自喜。所以他的结局难道不是早就注定了吗?

我国期货市场也有位奇人，浓汤野人林广袤。棉花一战，他600万直接进场，扛到浮亏60%依旧坚持，最后600万变成20亿。所以他这种手法，后面又亏掉10亿，最后转战股票，如今泯然众人，这难道不是再正常不过的事吗?

投机交易，最怕的不是一直亏损，而是用了错误而危险的方法却赌对了、赚了钱，甚至还是大钱。然而除非你就此离开，否则只要你一直在这个市场里，那些钱迟早哪里来的回哪来去了，还可能捎上你耗费的多年光阴。

我们再来说说大师，大师数年间积攒下几百篇博文，60%以上都在不厌其烦讲述一个道理，那就是不要住相，交易要追求简单，不要眼红不属于自己的利润，不要试图赚到所有的钱，等等。说得都很有道理啊，然而你可能不曾想到的是，他可能是在说给自己听的。那个住相的，那个试图赚到市场波动里所有利润的人，正是他自己。

大师曾经说过，一个交易系统，简简单单，每一个人只要在过去的行情的拐点处，加以观察、统计，就足以建立起一个大概率的盈利交易系统。

缠论，强调的关键也是学会对行情走势的完全分类。

波浪理论，认为市场走势不断重复一种模式，每一周期由5个上升浪和3个下跌浪组成。艾略特波浪理论将不同规模的趋势分成九大类，最长的超大循环波（grand supercycle）是横跨200年的超大型周期，而次微波（subminuette）则只覆盖数小时之内的走势。但无论趋势的规模如何，每一周期由8个波浪构成这一点是不变的。

这些理论都非常经典，拥有大量的信徒，相比后面两种而言，大师的算是小众多了。

不知道你没有发现，这些理论虽然知名，但是成名的操作者，并未听说有人利用这类理论稳定盈利。譬如交易论坛里，知名的、可以赚钱的，多以动量理论、叼菜式、炒单等方法为主。如果是外汇，你大概会发现所有网上公开展示的盈利账户几乎都是网格类EA交易或者应用了马丁格尔加仓策略。

我提取这类理论的共同点，就是强调市场的方向不可预测。没错，但是走势是可以分类的，如果市场出现某一种形态走势譬如A，那么大概率会上涨；如果出现某种形态走势譬如B，那么大概率会下跌；如果出现形态走势C，那么大概率会盘整。如果我们对走势最终做出了完全分类，理论上就可以随波逐流，随着市场上上下下，像一个永远不会被牛甩下来的斗牛士。

没错，如果你仔细去观察，确实能找出这样的形态。

不过呢，会上涨的形态，肯定不止A一种，同理，导致下跌和盘整的形态，肯定也不止B和C一种。

有人说没关系，不止一种，肯定也不会有几百种。大概有个四五种，怎么也不会超过十种吧。

会不会超过十种，我不知道，我们来假设一种情况，经过你的归纳总结，导致上涨的形态走势有5种，导致下跌的形态走势有5种，导致盘整的形态走势有3种。

那么现在思路很简单，我建立一个系统，导致上涨形态的5种走势（ABCDE）出现，我就做多，导致下跌形态走势（FGHIJ）出现，我就做空，导致盘整形态的走势出现，我就不动或者平仓。由于市场不是单边就是盘整，所以各种形态交替出现，我可以多空不断反手，不下马交易。看起来似乎不错。当然你肯定知道，市场不存在公式，不可能A出现了就100%上涨，一定有其失败率，你知道也承认这一点，但是你可能没有注意其真正带来的影响。

由于这种模式只能人工操作，所以你通过人力模拟测试，跑了70来笔交易，看起来胜率和盈亏比都还不错啊，假设胜率70%，盈亏比3.5，数据非常好。

但是你一旦实盘跑起来，就发现根本不是那么一回事，也许有一段时间跑的可以，然而进入低潮期通常会连连亏损，亏到你怀疑人生。

为什么会这样？首先其实你算胜率的方法，就已经错了。整个系统有10种进场模式（ABCDEFGHIJ），那么我们应该独立核算，A的胜率是多少，B的胜率是多少，而不是算整体的胜率，人工模拟通常精力和耐力有限，不像EA，动辄多年。以几十单百来单的结果估算系统胜率，肯定是不准的。

ABCDE胜率肯定是不一致的，我们假设A的胜率是70%，B的胜率是60%，假如ABCDEFGHIJ中潜藏了一个胜率40%或者50%的，对于整体系统的胜率是有很大拖累的。况且，还有一个出现率的问题，假如A的胜率很高为80%，然而每10单才出现一次，B的胜率很低只有55%，但每10单里却出现4次，那么整体系统的胜率因素里，A的胜率被B拖累就非常厉害了。

还有就是人为的失误率，由于人为地对形态的分型毕竟不是一个公式，有时我们会面临形态似是而非的情况，又像

A又像B怎么样？下单前像A，下单后猛然发现像F？该做单的时候，由于没注意，被叫走、犹豫等因素，而错过获利的形态（获利的单子通常都很快发生，留给你的反应时间通常比让你亏损的单子要少得多）。对于一个交易系统都没确定还处于研究期的人而言，你的人为失误率其实很高的，10单里甚至可能出现2单以上的失误。

那是什么概念？假设一个形态的胜率是7成，由于你人为失误，你的胜率降到5成，由于被其他形态的拖累，可能又降低到4～4.5成。

如果你忽略了周期对胜率的影响，试图去做更小的周期，那么我告诉你，大多数形态，假如在30分钟上胜率是6成，换到5分钟周期可能就只有4成。那么你的胜率又进一步降低了，如果你着急赚钱，去同时做多个品种，那么恭喜你，你连续亏损到赔光的概率又大大提升了。

以上我就是简单地讲述一下，其实真正的系统研究起来更为复杂，A的形态就是固定一个样子吗？可能又分为似是而非的A1、A2、A3，这么一搞就更乱了。

有人说，胜率低没关系，盈亏比最重要，然而盈亏比是一个事后核算出来的结果，你可以尽量地截断亏损，但是你不能控制你的利润能跑多远，更何况我告诉你，通常最大的盈亏比的单子，根据墨菲定律，很可能就出现在你出错的或者错过的那两成交易里。

如果你因为之前的连续亏损，进而怀疑ABCDEFGHIJ中一种或者多种形态的有效性，试图为此设置更多的过滤器，或者修改进场条件，那么恭喜你，你进入了一轮又一轮的死循环，如坠阿鼻地狱。

大师其实就死在这里，我本人也陷在这里很久。我放一张我曾经画的系统流程图给各位看看（见下页），一个错误的系统可能会是怎样的。由于这是一个错误的范例，所以图上写了什么，大家就不用仔细去揣摩，而且你大概率是看不懂的，因为用了很多只有我自己当时才懂的词语，甚至于现在我自己去看，也就能懂个六成。

看看我这狼子野心，啧啧，想弄个万能系统，遇到什么情况都能从容应对，其实不过是痴人说梦而已。我们在这个梦里要待多久才能出来，没有看到本书的同学可能是要全凭自己的造化和悟性了。

所以如果你现在用着类似我的全能系统，在市场里一直处于钝刀割肉的状态，做到以下两步可能就可以立刻拯救你的系统。

第一，挑出胜率最高、盈亏比尽量高的一到两种做法，

系统流程图

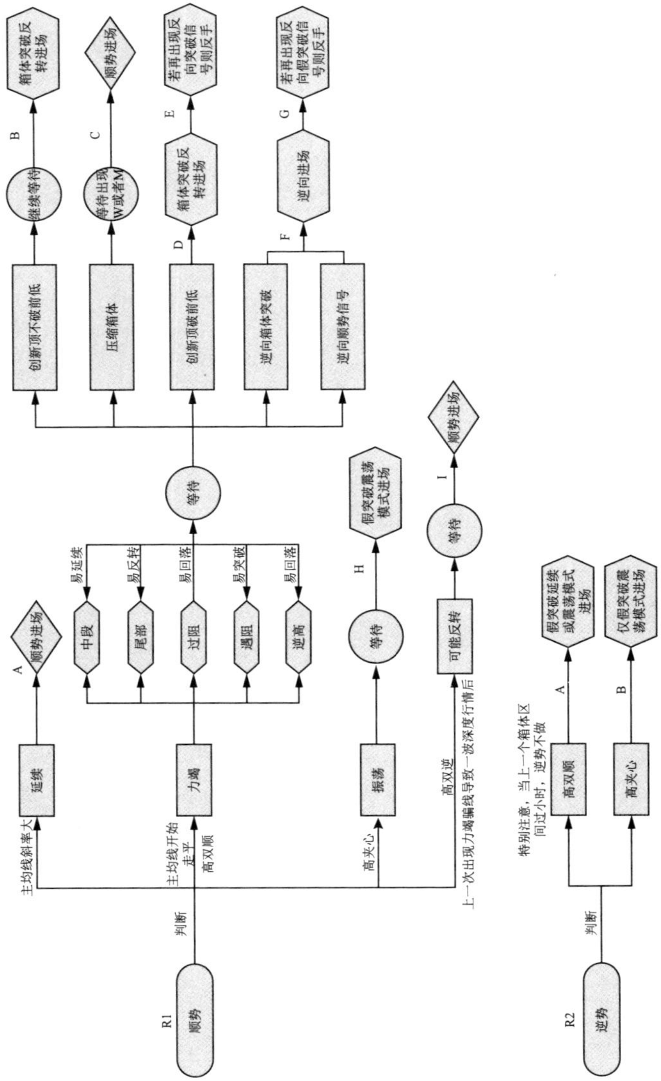
R1
顺势
判断
主均线斜率大
延续
A
顺势进场
主均线开始走平
高双顺
力竭
中段
尾部
过阻
遇阻
逆高
易延续
易反转
易回落
易突破
易回落
等待
创新顶不破前低
继续等待
B
箱体突破反转进场
压缩箱体
等待出现W或者M
C
顺势进场
创新顶破前低
D
箱体突破反转进场
E
若再出现反向突破信号则反手
逆向箱体突破
逆向顺势信号
F
逆向进场
G
若再出现反向假突破信号则反手
高夹心
振荡
等待
H
假突破震荡模式进场
高双逆
上一次出现力竭骗线导致一波深度行情后
可能反转
等待
I
顺势进场
R2
逆势
判断
特别注意，当上一个箱体区间过小时，逆势不做
高双顺
A
假突破延续或震荡模式进场
高夹心
B
仅假突破震荡模式进场

且只用这一两种手法（即只做最熟悉最有把握的行情，这也解决了出现频率的问题，因为只有出现了你才做，并且降低了失误率，因为面临的变化越少，你的失误越少）。

第二，减少你的操作品种，因为你操作的品种越多，连续失败的概率就越大。

这就可以了，这里我还要顺带吐槽一下。我经常看到有些人说，趋势交易者，不必过于追求胜率，很多成功者的胜率就是30%或者更低。我告诉你这话对于你绝对是个误导，说这话的人，基本都处于不能盈利的状态，然后以他的眼光，去看真实盈利者的数据，从看到的结果去倒推出来的结论，这属于纯粹的纸上谈兵。为什么呢？其实我的胜率也就是30%～40%，然而你不知道的是，我在开发系统的时候，在模拟复盘测试里的胜率基本在80%以上。也就是说，30%～40%的胜率，这是一个实际的胜率，这数据包括了你的失误、意外、错过、一时的迷糊等综合因素。而在模拟测试里，我们是一个完美的人，100%严格执行，没有意外，没有错过，甚至有时由于时间被高度压缩，偶尔还会跳过一些本来应该亏损的单子。所以如果你听信一些人的建议，去开发一个30%～40%胜率的系统，自己去想象一下，实际执行下来会是怎样呢？

7 逆向思维的萌芽

如果市场要让大多数人亏损，那么赚钱就是一件很难的事。所以我的犹豫、我的错过，它并不是一个巧合、一个随机事件。在那一瞬间，我不是孤单的一个人，市场上有很多个“我”正经历同样的事。我们为什么会一起错过，只能因为我们有相近的做单思路，一致的心理弱点。在这里请记住一位前辈的这句话：这个市场的一切行为，都只有一个目的，就是耍你。

上一章的内容，在我的整个思维演进过程中，其实属于中后期的产物，在理清这整个思路之前，我的具体操作方法，也在逐步地转变。

初期我只是逐渐意识到，大师提倡的不下马交易，这种试图贴合、紧跟走势做单的思路，是不大可能真实盈利的（这里我暂不把话说死，也许有那么一两个人可以做到，又或许未来科技发展到一定程度，通过AI的深度学习可以实现）。因为这种思路其实也是在预测市场，而且是强化了预测市场的效果，从原本单纯的方向（无视小波动）预测，到了一个连小波动也要吃透的境地，就差拿个显微镜看市场了。

有人可能会说你不能做到，别人未必不能做到，通过大量的复盘、锻炼，熟能生巧，有朝一日可以做到这个程度。我佩服你的坚定，然而若是这些操作你亲见过，那也就罢了。若是仅仅凭一个虚拟的ID，以某种形式声称他做到了，你就赌上你大好的光阴，那就未免过于冲动了。

当我意识到我必须要摆脱大师的影子，放弃不下马交易的时候，我的思路又回归了传统趋势交易。我有些想捡起我当初的老方法，再用我现在的经验加以改进，不就可以赚钱了吗？毕竟在沉迷不下马之前，我也通过内盘期货30分钟周期的趋势交易实现了7～8个月的稳定盈利。然而现实是，经过这几年的折腾，我的经济状况变得越来越窘迫，我再也没有当初那么多的本钱了。这窘迫的情况迫使我的周期越做越小，而之前的方法，在小周期上也显得力不从心，怎么办？我必须开发更为高效的盈利模式去扭转这一切。

在这里插一句，有很多人可能有类似于我的情况，就是在经年累月的亏损中，觉得本金太少了，于是周期越做越小。其实你有这种感觉的时候，如果果断停止缩小周期，你还是有机会的，因为你后续还是会不断地亏损，又过了很长一段时间，你可能回过头来想一想，我还不如当初就做大周期，至少这么长一段时间，我们在亏损的情况下还是用各种方式撑过来了，人不压榨一下自己，怎么知道自己凑钱的潜力有多高呢？但是不要学我，把自己最后压到悬崖边上了，不是所有人都可以像我这般绝地求生的。这是题外话，这里按下不表。

如何才能独辟蹊径，上演绝地大反击呢？

去炒单？那不适合我，我天生就不长于反应速度，何况这意味着完全抛弃之前的体系，重新开始，我不会看盘口，也没有师父可带我。

放弃不下马，只挑出胜率较高的情况进场？这对于我一个研究多年不下马交易的人，盈利难道不是很轻松的吗？我错了，我虽然放弃了不下马交易，可是我在短线上无论怎么尝试，也无法持续盈利。

这个时候我已经基本回到了原来那种思路，顺大逆小，在趋势开始时观望，等开始回撤了，差不多企稳了，小趋势反转出现苗头或者得到确认就进场，这个思路长线可以赚钱，但是中短线却很难搞。为什么呢？因为周期小，资金没有得到充分碰撞，形态不稳定？确实有这方面的因素，统计胜率可以看出来，周期越大，胜率越高，而周期越小越难做。到这个阶段我发现困扰自己的完全变了，以前我觉得趋势交易者最难最讨厌的就是振荡行情，可是我以如今的认知，可以轻松避免交易里的振荡情况，但是在短线里却还是无法赚钱！

左思右想，觉得长线改过来的波段系统不可为，又想想那些大盈利的行情一般都很猛，能不能专门做爆发呢？专门找一些趋势逐步累积，且可能的止损点被攻破的时候，找这种行情给人感觉一种压迫到一定程度，一触即发，只差一根导火索的程度。这个思路可不可为呢？其实是可为的，国内期货有一波人就做这种行情，他们称之为动量交易。

然而这个思路暂时却又不适合我，因为研究后发现，这种动量交易最好只抓爆发开始，因为你可以试探地做爆发，但是基本对爆发以后行情能维持多久、是不是骗局等情况一无所知，所以进场之后出场基本得非常快，可能利润就几个点就结束了，否则很多情况下就要亏。当然练久了之后也可以靠着经验去尝试抓一些大的行情，适当拿久一点，这个久一点可能也就是多拿几根K线，或者用一根小小的均线来出场。总之这个交易方法就是不能贪心，突破后行情如果走不动立马就要跑，即便走得动也要快跑，对交易的成本要求、操作的熟练度要求都很高（最好都能完全用键盘交易），最好还能熟练地看盘口挂单撤单。说实话，外汇起家的我，基本鼠标走天下，用EA画线辅助开平仓。一个人如果要闷在家里研究这种系统，我想是可以，但是也要花大量的时间练习，最好还是能有老师带一带，有老师带我估计也要3个月到半年时间能练出点样子，像我这种自力更生的，想想都头大……所以尽管我把这种方法的原理摸得还算明白，但是还是不想走这条路。

回头想想，在我做日内短线的时候，印象最深的有三种烦恼：

①错过进场机会，错过的往往就是赚钱的那次，而亏钱的机会一个也没落下。

②行情发动了，但是根本就不回撤，直接就一路前进。这时候感觉很尴尬，进场吧，一没有对应的规则允许你进场，二就算你临时弄个规则，允许直接进场，很可能一进场趋势就差不多结束了……，所以不敢追进去。乖乖等回撤吧，于是眼巴巴地看着行情发展，然后安慰自己要守规则，好了，最后终于回撤了，兴高采烈地冲进去，结果……被止损了！

③一切结构都很完美，车你也上了，行情似乎也发动了，可惜，浮盈没维持太久，掉头下来，直破止损。

各位应该听过墨菲定律，作为20世纪西方文化三大发现之一，闻名遐迩，具体内容我帮大家重温一下：

①任何事都没有表面看起来那么简单；

②所有的事都会比你预计的时间长；

③会出错的事总会出错；

④如果你担心某种情况发生，那么它就更有可能发生。

这其中前三点，是毫无疑问的，但是第四点，我不认为在生活中一定会灵验。如果你在生活中觉得第四点很灵，我

1. 任何事都没有表面看起来那么简单
2. 所有的事都比你预计的时间长！
3. 会出错的事总会出错
4. 如果你担心某种情况发生
它就更有可能发生！
那块朽木你
记住了吗？！
Z
Z
Z

认为主要是选择性记忆的缘故，只是不顺的事更容易被记住而已。

但是如果把墨菲定律拿到交易中来，第四点其实非常灵验，我的这两种烦恼就是其直接体现。

但是为什么呢？为什么我会那么容易错过赚钱的行情？除了不可抗拒原因以外，在进场前犹豫是直接原因，而我为什么会犹豫呢？

又为什么特别赚钱的行情经常都不给我进场的机会呢？一旦给机会，却又往往是陷阱呢？

我想来想去，只有一种解释，就是二八定律这张黑手在作怪。

市场如果要运作下去，天然就会符合少数人赚钱、多数人亏损这个定律。如果多数人都能赚钱，那么钱从哪来呢？其实在投机市场上，我很怀疑能够有20%的人可以盈利，我认为大概有5%就撑死了。

如果市场要让大多数人亏损，那么赚钱就是一件很难的事。所以我的犹豫、我的错过，它并不是一个巧合，一个随机事件。在那一瞬间，我不是孤单的一个人，市场上有很多个“我”正经历同样的事。我们为什么会一起错过，只能因为我们有相近的做单思路，一致的心理弱点。在这里请记住一位前辈（天涯ID：良风有幸）的这句话：**这个市场的一切行为，都只有一个目的，就是要你。**

所以回过头来看我的做单思路，在一个成型的，或者你认为有前途的趋势初期或者中期找回撤的机会，通过周期共振，或顺大势逆小势的原则进场，这个思路……逻辑上有什么问题吗？好像没有，但是有一个无法规避的问题，就是这个思路太稀松平常了，任何一个趋势交易者，在对趋势小有研究后，透过前人的牙慧，加上诸多经典投机书籍的暗示，都可以自然而然地总结出这个思路。

应用这样的思路做单，其赚钱难度，就好比你在竞争激烈的商街上开出一家毫无特色的店铺，其前景真的堪忧。在同一个市场上，应用这种思路的人多了，市场就会自动调整，弄得你赚钱的单子没机会，有机会的单子不赚钱。

看到这里有人会说，那为什么长线应用这个思路可以赚钱呢？其实你如果能耐得住寂寞去做长线，就已经是少数人里的一分子了，换句话说，你的店铺悄咪咪的就已经不是一个毫无特色的店铺了，而是一个有战略眼光的店铺……

所以要改善我们的盈利状态，我们必须让自己具备优势，做一些和原来的自己做的不一样的事，甚至和曾经的自己反着来。

非常容易想到的是，如果我们和自己完全反着来，利用工具软件，反向跟单怎么样呢?

答案是别人可以做（对赌平台干的就是类似的事），但是你自己不好做，原因有二：

其一是左右互搏。因为我们其实是知道在反向跟单的，假如不知道倒也简单，或许就能赚钱。但是偏偏这个是我们自己想出来的主意，所以你以为原先刻意去赚钱，结果是不断亏钱。如今自己知道在反向跟单了，从人性上来说，你一定会忍不住多出来很多原先没有的操作，刻意去亏钱? 嘿嘿，没那么简单。

其二呢，有不确定的风险。假如原先你是标准的趋势思路，截断亏损，让利润奔跑，这里理论上就存在有一单顶几单甚至十单以上的可能，那么反过来跟单，这也就自然成为一个潜在的死扛爆仓因素。

如果你因为考虑到第二点去主动修改自己的操作，不再试图让利润奔跑，那么你就犯了第一点描述的错误，哈哈哈，真是一个矛盾的循环。

既然这条路走不通，我们就需要有针对性地对自己的思维进行进一步的更新，摒弃一些陈旧的思路，建立逆向思维的习惯，以期从人群中脱颖而出。

而在交易中，逆向思维我认为可以从两个主要方向着手，一是在自己原有的趋势交易方法的基础上，通过改变自己的交易习惯，实现盈利，属于改良版。二是彻底更新自己的交易模式，专门去做你之前不敢做，不敢想，甚至是有些“大逆不道”的交易。这属于颠覆版。

让我们一步一步来，我希望的是能够通过这本书建立起你逆向思维的习惯，而不是简单地告诉你，应该做什么，不应做什么。

在经典的趋势思路中，一个健康的趋势，必然呈现出阶梯状抬升/下降的特征。取一张实盘图作为范例（见图7.1）。

在这个经典的上升趋势中，如果我们把较小的均线作为参考，那么每一次回撤所创下的低点，均没有被之后的回撤所击破，呈现出阶梯上升的状态。

在这样的趋势中，趋势交易者通常会根据激进程度的不同，选择ABCDE这几个可能的进场点进场，并选择每一个小回撤之后重新建立上升趋势时所确认的低点作为止损点，我们通常称这样的点为道氏低点。所谓道氏低点，我这里引用《图表辨析与交易系统》作者李汉军先生的定义是：升势中，在两个不断抬高的高点之间，会有多根（不少于3根）K线在时间靠前的高点下方整理，这两个高点之间的最低点

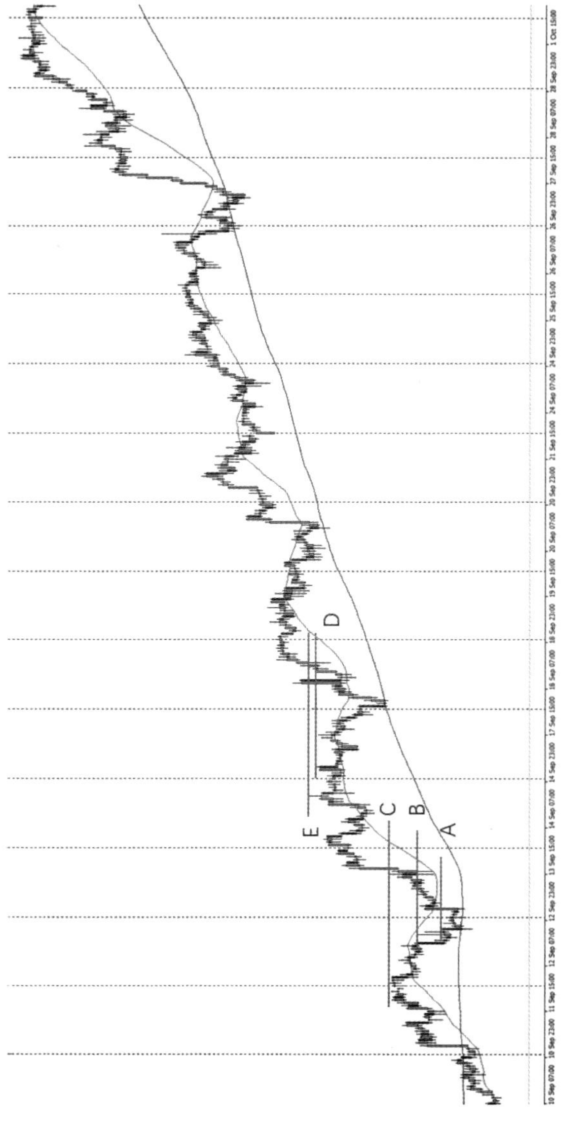

图7.1 上升趋势实盘图

是道氏低点，如下图所示，道氏高点则反之。

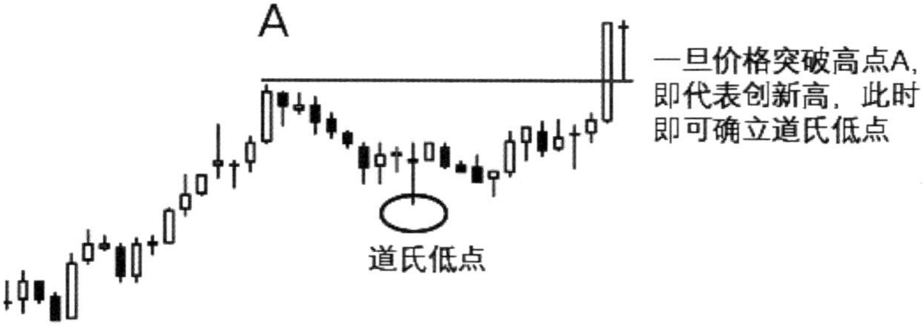

但是，请注意，我在本书将道氏低点的定义进一步简化，变“不少于3根”K线这个要求为“不少于1根”K线，也可以简单地说是两个最高点之间的最低点，即为道氏低点，为何如此？因为其实中间有多少根K线不是那么的重要，1根虽然比3根要少，但是如果你降低一个时间周期去看，中间的K线又多于3根了，纠结于中间有多少根K线，如同纠结于均线的具体数值一般，其意义不大。

很大一部分人，做单时都假设自己将要介入一个经典的趋势，很容易自然而然地选择道氏高低点作为止损点，并随着趋势的不断移动，生成新的道氏高低点时，移动止损，并且不止盈，这样当趋势充分发展时，就有可能实现利润最大化，并符合那条经典的箴言“截断亏损，让利润奔跑”。

然而在相对小一些的周期，同样的一波趋势，却不一定总是那么经典。我们再看一张图（见图7.2）。

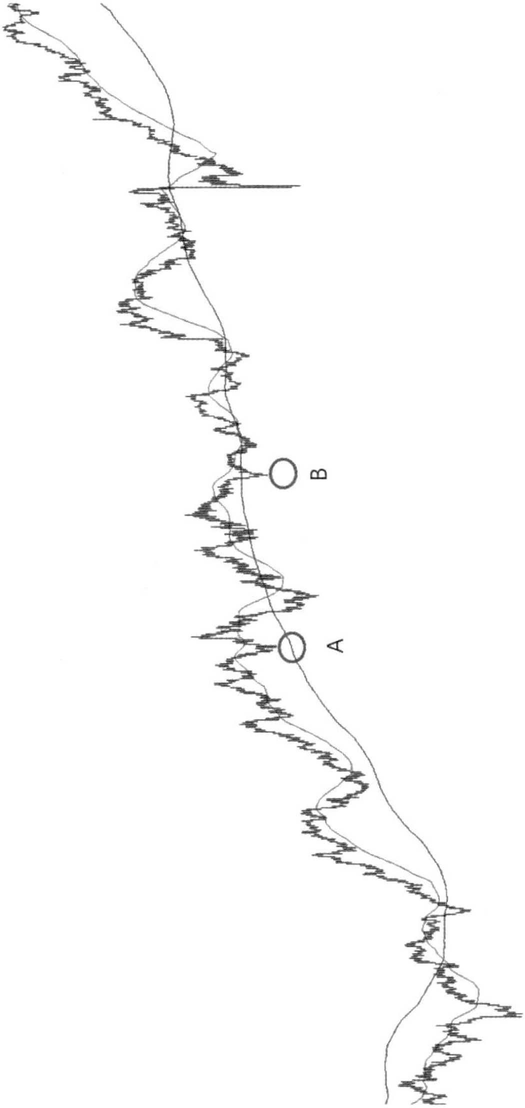

图7.2 小周期上升趋势

可以看到，在A点和B点，这两个道氏低点最后均被突破，然而趋势却依旧保持向上不变。

如果市场要让大多人亏损，最简单直接的方法，就是击破他们的止损。市场在A点和B点做了两个假动作，不仅击破了不少趋势交易者的止损，而且还额外引诱了一批更菜的同学做空，之后再破这些空单的止损，多么畅快的多空通杀。

这样看来我们的止损很脆弱啊，这么经典明显的止损，对稍微有经验的交易者而言，这样的止损等同于毫无保留地暴露在阳光下。从某种意义上说，很多时候，特别是短线，这个止损点的存在就是为了被击破?

有不少人另辟蹊径，不是要逆向思维吗?难道止损是一个骗局?趋势交易的真谛，莫非是轻仓、死扛、不止损?

确实有不少人这么干了，但这绝对不是什么聪明的办法，这种交易模式根本逃不过黑天鹅，显然不在我的考虑范围内。

那么能不能换一种模式止损呢?假如以道氏高低点作为止损的点被击破，这是否代表趋势即将反转呢?不一定，只是可能反转而已。如果我们晚一点止损，等待趋势的反转被进一步确认再止损，会不会更好呢?也就是说我们不再根据历史图表得出的价格止损，而是根据一个未知的价格去止损，什么时候趋势确认反转了，我们再止损？

我曾经试过这样的方法，在一个时间段内得到了较好的效果，但是过了这个时间段，又开始屡屡亏损。用未知的价格去止损，实际上我们很难预判这个价格会走到哪里，也就有可能造成超乎预期的损失。而且市场骗人的方法虽然也就那么几种，但是经常会出现在某个时间段内，连续多次用一种类型的骗局，但是再过一段时间，它就切换骗局模式了。这点很像我们在喝酒的时候玩吹牛骰子，有时我们可以连续用类似的方法骗一个人几次，但是不能一直用，虚虚实实，到了该切换骗局，或者该说老实话不骗人的时候，就意味着一个小阶段的终结。这也是一个小经验，各位可以记住这一点。而我在实盘里的实践就遇到了这个情况，一段时间的顺风顺水之后呢，就开始不断回撤了。

所以为了解决这一点，我后期应用的止损方法还是以传统止损为主，但是在有了利润后，我允许一定程度的骗线，如果它不是骗线，那么最终造成我平出，或者亏一点点出场，这都是符合我心理承受能力的。如果它是骗线，我就可能赚到一波更大的机会。如果它是骗了我之后又回去，那么我还可以再进场。所以止损怎么损，损多少不是关键，也不用过于机械化，关键是你的心里要舒服。我可以接受平出或者微亏，但是我不想承受超出预期的亏损，也不想承受错过大行情的失落，这两点一旦出现，是极其影响我的心情的，所以这就是我的选择。

当然在这里我要提醒大家，如果你发现一个品种，骗线的情况变得越来越多，那么很可能该品种的交易活跃度、资金量在下降。此时建议寻找更为活跃的品种交易，或者提升操作周期。

看来从止损上我们很难发掘出更多东西了，那么止盈呢？

其实我作为一个趋势交易者，一度很不喜欢止盈，甚至在一段时间内，看到涉及止盈的方法都会摇头感叹，又是一个不懂趋势的人。标准的趋势做法，应该像吃鱼一样，去掉鱼头和鱼尾（不猜顶不抄底），专吃鱼身。如果我们主动止盈，不就是预测鱼尾的出现，或者放弃大部分鱼身呢？

但是有两个现象不得不引起我的注意。

第一是我很难找到一个真正符合我心中理想状态的、盈利的趋势交易者。我所想象中的趋势交易者，胜率应该在30%以上，盈亏比相对要求高，账单里可以经常有亏损，但是单次盈利的金额要远高于单次亏损的金额。然而在内盘期货里，已知的著名盈利者，多半都是炒单的炒手（炒单也属于主动止盈），在外盘外汇里，那些漂亮的账户一看交易记录就知道，多半都是网格交易，扛单流，胜率超高。还有一批盈利者是做量化交易，以及对冲套利的，而几乎所有趋势交易的大师，都在出版的书籍里，在论坛的帖子里，就是不出现在实盘里。

在这里说明一下，实际上经典趋势交易者通常比较低调，擅长做长线而已，所以倒不是经典趋势交易不能赚钱，只是如果应用于短线的话，需要因地制宜，改变策略才能生存。

第二，由于我的不止盈、严格止损、绝不扛单策略，我的历史交易记录，大多数情况呈现出一种稳定的亏损状态。假如有人在我不知道的情况下，对我反向跟单，就可以称得上是稳定盈利了。既然我的亏损，是由于不断被止损，钝刀割肉导致的，那么反过来操作的话，不就是不断止盈，而且止盈位置正好在我的止损位上？

所以如果我们完全逆着来看我的操作，那么就是一个人不断地在抄底摸顶，只是胃口不大，每次抄完破了止损点就跑，如果抄不到就一直死扛不止损…… 这不就是典型的初学者的做单思路，亏了死扛，赚了点就跑？为什么这样的操作方法却可以盈利呢？显然我们可以推断出，主要原因，就是经典的趋势性单子太少，以至于死扛没有扛出问题。

在这种情况下，显然我们去做单纯的反向操作是没有意义的，经典的趋势性单子虽然少，但是碰到一次就有可能爆仓，所以我们只能去其糟粕，取其精华，糟粕自然就是死扛不止损，精华，则只能是及时止盈了。

为什么止盈最终会成为一种相对正确的选择？不是要“截断亏损，让利润奔跑”吗？这样还怎么奔跑呢？在这里我想说另一句名言，“在别人恐惧时我贪婪，在别人贪婪时我恐惧”。这个名言是巴菲特说的，比上面那句不知道是谁说的名言靠谱多了。你看，你想让你的利润奔跑，这是不是一种贪婪？那么你想想，在你贪婪的时候，别人是否处于恐惧的状态呢？我看未必，对吧？有人会说，我是顺势进场，当我的利润奔跑的时候，那些逆势死扛的人难道不是正在恐惧吗？那些中途下车的人，难道也不是因为恐惧才下车的吗？说的没错，然而这是一种悖论，你的利润如果能跑得起来，自然会有一群人恐惧。可问题你的利润如果才跑出个一两百米就夭折了，那你的对手又能有多恐惧呢？他们可能开心还来不及呢，因为你的失利就是他们的胜利，死抗型的选手最喜欢震荡了。

追求截断亏损让利润奔跑的人，往往比较强调盈亏比，理想状态是一把大利润，抹掉很多小亏损还有盈余。但实际执行下来，往往就是你那些小亏损也没有小到哪里去，而你的那波大利润，却也不是你想象的那么大，往往一次相对大的利润，也就堪堪抹掉你3次亏损。更要命的是，这当中有无数打击你的信心的事情发生，譬如拿着盈利单变成亏损单，譬如最大的那一波你偏偏就因为各种原因没进场。

所以这种系统其实是太反人性了，往往没有几个人能坚持下来，作为一个尚不能稳定盈利的人，我们其实迫切需要建立起信心，能让我们在这个市场站住脚的信心。故而在这个阶段，强调落袋为安反而是最合适的。

是的，到这里我们终于意识到短线中止盈的重要性了，当初我就是靠修正了这个概念得以扭转颓势，在市场里站住脚后，才有后续更高级的领悟，否则如果死掉了，那么一切都无从谈起了，这里先按下不表。

那么具体怎么止盈呢？我这里给各位提供三种思路：

①对手盘在哪里止损，我们就在哪里止盈。

②止盈:止损=1:1，这种做法的好处，就是强化了胜率的重要性，只要实盘做到50%以上的胜率，你就不会亏，做到70%~90%胜率，你就能较好地盈利。

③趋势发展速度开始减缓，初步陷入震荡，就可以止

盈，而不是机械地等待击破低点。

你的稳定盈利，可能就从学会截断你的利润开始，因为无底线的贪婪必将受到惩罚。如果你之前还是稳定亏损不止盈的状态，不如从现在开始，试着截断你的利润，别让它乱跑！

好了，说完止盈和止损，还有什么方向可以散发我们的逆向思维呢？

上面我引用过一句箴言：**“这个市场的一切行为，都只有一个目的，就是要你。”**

通过合理止盈实现稳定盈利，只能算修正了我们的过度贪婪，但是并没有解决市场一直在要我们这件事。

让我们仔细想想，趋势其实只有三种状态：开始、延续、结束。有人说不对啊，还有震荡呀，然而震荡之后市场还会选择方向的，不是延续，就是结束（反转）。另外反转意味着反向趋势的开始，所以反转=开始，所以……总之就是三个状态可以概括啦，开始、延续、结束。

市场要怎么要我们呢？我概括下来就下面三句话：

①在你以为要开始时反转；

②在你以为要结束时延续；

③在你以为要延续时结束。

7　逆向思维的萌芽

通过这三句话，我归纳总结了几种陷阱：起飞陷阱，反转陷阱，中继陷阱，顶底陷阱，突破陷阱。然而随着对市场理解的加深，我又发现没有必要分得这么详细，说来说去，其实就是一个选择题：骗你，或者是不骗你。

什么时候骗你呢？就是你最渴望某种行情到来的时候，所以当你注意力最集中的时候，当行情开始向你期望的方向快速大幅移动的时候，在你心里呐喊的时候，你最好先问问你自己，此时此刻，你的渴望是否落入俗套？

什么时候不骗你呢？这一点和你关注的品种有关，不同的市场有不同的个性，需要你专注去研究。所以这里也告诫各位，对于利用市场骗局的方法，不同品种可能呈现出不同的个性，切不可用一种规则打遍天下，应根据各品种的特性做微调（只需要微调）。

最终我的陷阱利用思路将我整个的做单方式一度改为专做反转，以前满脑子都是顺势，现在满脑子都是反转。当行情陷入极端时的底部反转，普通行情中的顺大逆小反转，在不合适反转的地方，首先等待顺势的一波人被止损，接着等待做反转的一拨人出现，继续等待这种没有前途的、必然会失败的反转宣告被破坏，此时进场的话，反而却也成了顺势进场。我基本就靠这三招，可以来来回回吃个盆满钵满。

8 交易的真相

判断市场的情绪是一个线性的过程，如果行情真的要启动，多半已经有预兆。如果要结束，也多半有预兆。很多人相信巨量有用，其实基于一个逻辑，就是大资金进场了，它要控制拉升行情，它不能让自己亏啊。这就好比你发现开发商拿地价格涨了，所以未来几年房价必须涨到成本以上，开发商它不能让自己亏啊！然而现实是亏损的大户很多很多，倒闭的开发商也很多很多。

在实际应用中，首先让我开始初步摆脱亏损的，是等比例盈亏。正是这个方法，让我摆脱了钝刀割肉的下场之后，我才有更多的精力去拨开迷雾，探寻交易的真相。

当我刚开始应用等比例盈亏的时候，虽然不怎么亏了，但是赚钱赚得也挺辛苦。这就暴露了一个问题：胜率不够。其实应用这个方法，本身可以提高胜率，但是即便如此，理论胜率不到70%，而实际胜率也就是略高于50%，大概60%左右。我一度挺困惑的，为什么研究投机这么久，经验满满，胜率怎么就提不上去呢？

我的顺势进场法和大部分人没有什么区别，不追高，等待回撤进场。然而机械地等待回撤进场，显然是不够的，我们是一个有血有肉的交易者，而不是一个自动化的EA，EA固然可以帮你克服很多执行上的问题，但是也有它的缺点，没有灵魂。

灵魂对于交易者而言有何用处？我认为最大的用处，是让我们可以去感知市场的情绪。而市场的情绪，是左右市场走势的重要因素之一。

所谓顺势交易，并不是单纯的顺图表走势、顺均线走势、顺高低点走势，我们还应该**顺着市场情绪交易**。很多时候，价格虽然依旧沿着既有的路线前进，但是脚步已经开始拖沓，我们不应该在行情明显将要减速，或者正在减速的时候去进场做所谓的顺势单，哪怕这个时候从结构上看，进场点很“完美”。而当价格处于胶着状态时，你顺着箱体里小小的趋势进场，想干吗呢？觉得这就是突破僵局的那一波趋势？觉得上涨结束后就是下跌，下跌结束后就是上涨？所以要抢某论中提到的第一买点？我觉得你还不如去买个彩票。

这其实就是很多机械式规则的问题，这些规则里只考虑形态和指标，例如均线上只多不空，均线下只空不多。这种规则，是基于没有办法理解市场，又不得不设立规则的权宜之计，比什么规则都没有当然好，但是在我看来，如同刚学写字的幼童，仅仅是非常初级的手法。

那些流行于市场上的各种理论，包括知名的不知名的，特别是某论，很多人就是想对走势去做完全的分类，这真的是非常贪心。且不说那么多种分类和分类的变种你能否记住，这种思维模式依旧是以学数学、背公式的思维去看待市场，假如分类真的有效，死记硬背那不就可以盈利了？假如死记硬背可以盈利，那么多人死记硬背，都在市场上盈利，市场若不改变走势的特征，又该如何维持这局面呢？这就陷入了一个悖论。

所以千万不要陷入一种过于复杂的理论中去，并形成一些神逻辑，你觉得靠这个理论一旦修炼成功就可以在市场上呼风唤雨，而自己目前不能盈利就是因为自己没有修炼到位，对走势的理解不够，对形态的理解有偏差，以及自己的执行力有问题。一个理论如果你认真读两遍都读不懂那就是故弄玄虚的理论。真的是故弄玄虚，有人说，我的理论世界上就只有5个人能看懂，这就是一种神逻辑，所以你学不好永远都可以用这句话来解释，你不是那5个人。应用这个神逻辑也可以解释我上面提出的悖论，因为只有5个人可以看懂这理论，不会造成大量的人学会了可以盈利，所以市场根本不需要改变走势的特征。

要在市场上靠自己的研究找出一条盈利之路，一定要具备非常强大的逻辑。你不能被市场上，乃至社会上任何一种强盗逻辑蛊惑，也不能有任何一种去寻找精神寄托的习惯，因为一旦你习惯于去寻找精神寄托，那么就默认会不断地产生神逻辑。

什么是精神寄托？就是把一种无法被证实也无法被证伪的现象，理论，人，等等，作为你行为的解释器。譬如你把

庄
一定是上帝
听到了我的祈祷！
万恶的庄家！

亏损怪罪于看不见摸不着的庄家，把倒霉和幸运归结为上帝的旨意，认为衣不蔽体、走路靠马、看书靠蜡烛、人均寿命只有40岁的古人能够掌握一种先进的医学，能看好现代医学也束手无策的病症。如果你有任何一种这样的习惯，我可以说若不能从深层次去除这种习惯，你自己摸索出交易真谛的可能性几乎为0。

我们回到市场情绪这个话题，如何感知市场的情绪呢？其实我们可以从价格的走势看出来，你在趋势交易中，总是注意高低点和结构，你有没有注意行情的简单和复杂呢？有时候市场涨了100个点，用了5根K线，有时候用了50根，你觉得哪种情况下市场情绪比较高涨呢？有时候价格回撤10个点就继续上涨，而这次回撤了30个点再次重启，你觉得两种情况市场情绪有没有区别呢？有时候市场开启一波加速狂奔，你眼睁睁地看着价格跑得远远地不敢追高，等到开始回撤了，你乐呵乐呵冲进去，你觉得市场加速一次之后短时间内还能再次冲刺？其实很难。

利用市场情绪，总结来说可以有几个要点。

①在市场情绪逐步加强时布局式进场。我们并不是特别期待一个情绪已经特别强烈的市场，我们至少需要一个情绪逐渐推进的市场，强不强烈不重要，但不能变弱。这就好比

你作为风险投资，投资一个初创公司，它不一定需要已经正收益，但是需要具备良好的盈利预期。

②在市场情绪突然加强，或者逐步加强最后爆发时，在小级别周期找到支撑点，也应该勇于进场。

③不能在市场情绪高潮过后进场。

④一旦市场情绪有减弱的趋势，就要准备离场。如果市场情绪已经爆发，那么离减弱已经不远了，要密切注意。

⑤在日内波段交易中，一旦市场陷入震荡，震荡后的趋势不论是反转还是重启延续，八成都是劣质的机会。很多所谓的重启，都是回光返照。很多所谓的反转，都是骗线。真正值得做的延续和反转，都来源于干净利落的行情而不是震荡，譬如深V反转。所以根据要点④，市场陷入震荡前你感觉到趋势减缓，已经离场了，你就换个品种或者睡觉就对了，不要去想着什么市场会单边—震荡—单边这么走。

很多人一直在纠结，啊啊啊，我怎么区分单边和震荡啊？我就差这一步了。单边一看全是获利，震荡一看全是亏。在各种帖子里，不断有人向可能的成手提出这个问题，实在是了无新意。之所以会亏在震荡，一是你不会看市场的情绪和阻力密集区域，不懂得如何在陷入震荡前先行规避；二是你老是想着震荡后会重启单边，于是就老在震荡里猜方向找所谓的第一买点，对不对？一旦市场陷入纠结，短期内很难轻易摆脱纠结，就如同真正的趋势不会轻易结束一般。震荡，也是一种“趋势”，你在震荡中进场猜突破方向，本质上就是猜这种趋势何时结束，这其实就是一种逆势操作。如果你觉得自己尚无法区分震荡和单边，那么说明你这个阶段尚属初级，不要以为能区分了你就能赚钱了，还有很多你想不到的问题在前方等你。

讲到这里，其实回头再想想，那么多谈交易的书籍中，《华尔街幽灵》这本书，是存在一些真正靠谱的建议的。我们回顾一下《华尔街幽灵》的三条规则。

规则一：只持有正确的仓位。

“一个仓位在被证明是正确之前，你必须假设它是错误的。”

这话讲得很隐晦，多数人初看是看不懂的，怎么叫被证明是正确的？不是还有一种交易逻辑，就是等待市场证明自己是错误的就止损吗？这两种交易逻辑，哪种是正确的呢？所以初级交易者基本是看不懂这话的。

我来告诉你发生了什么。当我们进场的时候，如果价格没有快速离开成本位，这代表什么呢？代表我们被套住了！

不要以为只有初学者才会被套，大部分交易者，都会被套。一旦我们进场面临浮亏的状态，哪怕就亏一点点，人们通常也舍不得离场。这个时候大多数人就是单纯地等待，要么价格上去，要么价格下来打破止损，他们倾向于应用传统的逻辑，被止损，让市场证明自己是错的。然而价格如果不能快速拉升，这意味着没有足够的接盘者，反应快的高手们其实已经在纷纷离场了。当价格在进场位置附近纠结的时候，高手们在陆续撤退，亏货们留在场内等止损，又没有足够的新鲜血液涌入，这时候盈利概率其实已经完全改变了，**市场在难以为继的时候，必然去寻求刺破最近的止损，以获得新的动力或方向**。所以这个时候止损概率其实是动态的，随着时间推移在不断增加，个人认为最近的止损点将达到70%左右。当然有些人的止损放得很远，根本刺不到，然而这样的方法，仓位势必要很低，收益也是非常普通的，看你的取舍了。

是的，再强调一次，你的止损概率，其实根本是动态的。**止损会不会被碰到，最主要是由当下的市场情绪控制的，和你研究的结构、形态等的胜率关系远没有你想象中的大**。我们前面讲的那些，事后通过历史图表分析出来的胜率，是不靠谱的。如果你不能有效把握当下，就不可能实现理想的成绩。

所以有必要再强调一遍，止损是用来防备黑天鹅或者移动止盈的，永远不要让价格去考验你的止损，如果价格在你的成本位，或者大多数人可能的成本位附近徘徊，直接离场。

规则二：正确加码才能获利。

正确地加码可以获得更多利润，不过“才”字过于绝对了，应该去掉。加码是一门复杂的学问，正确使用如同锦上添花，但也不是绝对必需的，可以算是一门选修课。

规则三：巨量即是套现良机。

所谓巨量，在我的解读而言，不如说是市场情绪的高潮，涨幅跌幅明显加速扩大。而这个不需要用成交量来判断。 这个规则其实就是我前面说的要点④，一旦市场情绪有减弱的趋势，就要准备离场。如果市场情绪已经爆发，那么离减弱已经不远了，要密切注意。

这里还要再说说成交量，我之前说过成交量没什么用，在这里再说说为什么没用。很多人喜欢用量能结合来判断市场，其实完全不用，你就看“能”就可以了，能就是市场情绪。量？有能必有量，有量却未必有能。假设一个情况，多头趋势疑似要启动，一根K线拉出中阳，放出巨量，这说明什么呢？说明有大量的换手，大量的仓位参与交易，也许有大资金要进场，也许有大资金利用换手离场，但是一旦进场，这些仓位就沉淀下来了，对下一根K线没有任何帮助，甚至未来也许有反向作用力，因为多头仓位平仓就是卖空。

判断市场的情绪是一个线性的过程，如果行情真的要启动，多半已经有预兆。如果要结束，也多半有预兆。很多人相信巨量有用，其实基于一个逻辑，就是大资金进场了，它要控制拉升行情，它不能让自己亏啊。这就好比你发现开发商拿地价格涨了，所以未来几年房价必须涨到成本以上，开发商它不能让自己亏啊？然而现实是，亏损的大户很多很多，倒闭的开发商也很多很多。你选择性地忽略这个问题，因为你自己也希望K线涨起来，希望手上的房子更值钱，这就是人性中的弱点。

当我们应用市场情绪判断，从等比例盈亏开始练起，有效地遏制了亏损，提升了胜率之后，由于对市场情绪有了更清晰的认识，我们就可以尝试去抓市场的爆发。成功抓住爆发后，根据行情特点，选择别人的止损位去主动止盈，或等待行情升级（从小周期行情迈向大周期行情），一旦升级，利润就可以奔跑了。

假如我们能将走势的陷阱和市场情绪结合，无疑是更妙的方法。走势陷阱，其目的是欺骗大众，如果你是被骗的一方，进场时情绪高涨，随着被套住，心中暗叫不妙，一直到最终被止损，拍腿大叫一声“不会吧，这都可以！”这整个过程，包括被止损后眼睁睁看着行情一路狂奔这一段时间。如果我们能够切换到更小的周期去看，这一段反向的，由骗局意外推动的趋势，很可能就是你心中完美的那一段趋势。**一个市场里的走势陷阱，其欺骗的效果越好，随之而来的报复性反转，在微观上就越呈现出经典的趋势行情**。如果你在这一段趋势中能够正确把握最合适的进场点，那么也可以做到“让利润奔跑”。

纵观一个经典趋势的爆发，无非就是两种情况，不是由于上述的陷阱反转爆发，就是受到各时间周期合力，在完全顺大势的情况下产生的爆发。而这就是我们梦寐以求的趋势。如果这个时候我们不让利润奔跑，那就再也没有更好的时机了。

但是在这里我要提醒各位，利用走势的陷阱是一个进场的思路，但并不比顺势进场找突破爆发点好，因为前者虽然可以获得超额的利润，但是胜率降低了。你可以两种思路都应用，也可以专门应用一种，但是两种方法最关键的地方，都是把握市场情绪。一旦你能够轻松判断市场情绪，那么顺势突破做爆发，相对而言，是做起来最省心的方法。

如果我们还懂得应用不同周期的均线画出市场中存在矛盾和冲突的地方呢，那就是锦上添花了。均线对我而言的意义，就是去判断市场可能存在的三种力量，支撑、阻力，以及力量矛盾区域，而并非传统上的上多下空。具体的方法还请各位自己去琢磨，我就不一一揭露了，在本书中我已经揭露了太多真相了。

综上所述，我认为交易者要想完成最终的升华，那么学会感受市场情绪是最重要的。学会判断市场的情绪，你就不会在进场的时候就害怕趋势的终结或者陷入震荡，你也能够及时地判断走势陷阱是否真的是陷阱。那么如何判断市场情绪的强烈与否呢？行情结构越简单，速度越快，那么情绪就越强烈，非常简单。

本书写到这里，交易部分的东西我觉得已经几乎没什么可写的了，我觉得交易的真相其实就只需要这么点字，可是出版的话字数实在是不尽如人意。既然讲了这么多理论，不如我们来点实际的。我特意为本书定制了一套基于等比例止盈模式的交易系统。

9

一套简单有效的交易系统：阶梯双K交易法则

建立一个优秀的交易系统，我认为需要有如下条件：①逻辑简单明了；②把主观判断部分尽量减少，最好为0。③进场、出场有明确规则，进场规则最好只有一种，不超过二种（仅这一条就可以过滤无数种神棍式理论）。④有效的仓位管理模式。

建立一个优秀的交易系统，我认为需要有如下条件：

①逻辑简单明了。

②把主观判断部分尽量减少，最好为0。

③进场、出场有明确规则，进场规则最好只有一种，不超过二种（仅这一条就可以过滤无数种神棍式理论）。

④有效的仓位管理模式。

基于上述条件，我们来专门为本书建立一个高效优秀且足够简单的系统，并对该系统2019年的表现做详细的连续追踪。由于该系统在本书首发，为便于记忆，我们就暂命名其为“阶梯双K交易法则”。

交易标的：

任意成交活跃品种，在这里我们选取USD/JPY，以1小时周期作为示范。

基本指标：

一条24 SMA均线（Simple Moving Average）。

基本进场规则：

①多单。在符合定义的上升趋势中，当价格超过前两根

K线的最高价，进场。并以最近的道氏低点减去1点作为止损，以止损同样的比例1∶1止盈（实际上为了达到1∶1的效果，会增加1点止盈，作为交易成本的抵扣）。

②空单。在符合定义的下降趋势中，当价格超过前两根K线的最低价，进场。并以最近的道氏高点加上1点作为止损，以止损同样的比例1∶1止盈（实际上为了达到1∶1的效果，会增加1点止盈，作为交易成本的抵扣）。

若持有仓位尚未止盈，但再次出现进场机会，不予进场。若止盈离场后，趋势未经回撤（反向击破至少2根K线前高/前低，或至少连续2根K线未创新高/新低）继续发展，也不再进场。

上升、下降趋势的定义如下。

同时满足以下2点者，为上升趋势：

①价格在24均线以上；

②价格未形成连续的下降阶梯。

同理，同时满足以下2点者，为下降趋势：

①价格在24均线以下；

②价格未形成连续的上升阶梯。

什么是连续的上升阶梯和下降阶梯？这里截图做一下说明。

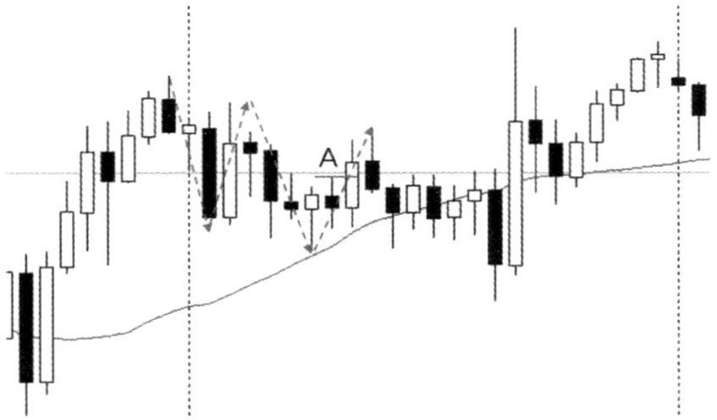

在上图虚线箭头附近，价格虽然运行在24均线的上方，但是从最高点下来，第一次击破前两根K线的最高价后，并未延续上升趋势，反而掉落下来，破了这次上攻形成的临时低点。我们用虚线将这几个高低点连起来，可以看到已经形成了连续的两个下降台阶。那么，当A位置价格再次击破前两根K线的最高点，此时虽然价格依旧处于24均线上方，但是我将其定义为已形成连续的下降阶梯。那么由此判定，A位置不满足进场条件。

所以假如一个上升趋势中，价格符合进场条件后，却未超过前期确立的高点，反而跌落下来，破了进场时形成的临时低点，那么此时标志着在上升趋势中出现了下降阶梯，当价格再次满足基本进场条件时，我们不再进场，除非这个下降阶梯的最近一个阶梯高点被击破。

同理下降趋势反之。

我们再举一个比较典型的例子。

在上图中，我们可以看到，下降阶梯的最高点，在B位置被突破，且此时位于24均线上方，那么我们就可以判定，B位置此时未处于连续的下降阶梯中，符合多单进场条件。

有部分读者认为第一版中对阶梯的描述还不够清晰，所以这旦补充说明一下。

以下图为例：

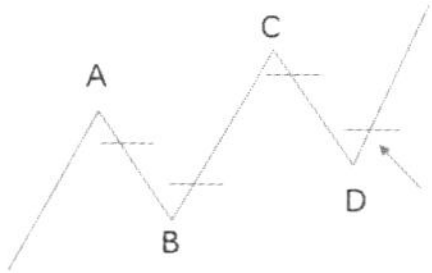

当价格跌破前两根K线的最低点，形成A点，接着价格击破前两根K线的最高点，形成B点，接着价格以同样的逻辑形成C点和D点，这时我们就有了两个不断上移的高点，此时当D点一旦形成，我们也就有了两个不断上移的低点，所以当D点一形成，我们就进场做多，止损就为D点的最低价，止

盈和止损设置为1∶1，即等比例盈亏，空单同理反之。

特殊情况处理规则如下：

①由于外汇是24小时交易，然而我们还是要睡觉休息的，因此有必要过滤掉休息时间，这样也可以进一步模拟真实情况。在休息时间，我们不开仓，只平仓（平仓由服务器止损单自动控制）。所以，北京时间每天晚上11点到第二天早上9点，这一段时间我们禁止开仓。其实这一段时间也是最佳的不开仓时间，此时美盘处于下半场，欧洲人开始夜生活，亚洲人要睡觉，是市场一天中相对最不活跃的时候。由于我所截取的K线图表基于GMT+2时间绘制，所以在图表中，我们可以简单用代表每天0点的虚线来做参照，即虚线左侧7根K线内，右侧2根K线内产生的所有进场点无效。另外，对于周末，原则上不持仓，在周末收盘前未达到止盈止损点的单子，我们假设由EA负责主动平仓，在本次模拟中，不论收益正负，一律按0计算。

②由于外汇市场并非集中在一家交易所交易，所以会造成在各个不同交易商的图表上存在比较细微的误差。有时候价格实际上是达到了止盈位置，但是可能在图表上，交易平台上并没有反映出来，所以我们规定，如果价格达到止盈位置附近3个点以内（对于USD/JPY而言，3个点是指小数点倒

数第二位计算，如果以倒数第一位计算，则是30个点），那么我们将止损位自动上移到保本位置。这个规则是为了防止出现价格差一点点止盈，结果掉头下来砸止损的情况。在实际应用中，我们可以用EA来帮助实现这个规则，以防你睡觉的时候出现上述情况。

③对于多单而言，如果击破前两根K线高点时尚未站上均线，但是收盘价站上均线，那么在收盘价进场；如果收盘价也未站上均线，那么不断顺延，直到满足条件的K线出现。空单同理。但是，若收盘价以大阴大阳站上均线，这时候就需要衡量收盘价到止损点之间的距离是否过大而导致止盈距离过远，如果是这样，通常我会选择放弃进场。

④每天的早盘，如果由于之前限制交易时段导致出现进场条件而没有进场，那么在理论进场价格位置挂单，如果之后的K线碰到挂单，则自动成交，可以当作及时进场的单子处理。但是遇到如下两种情况时，挂单作撤销处理：a.在K线价格碰到挂单价之前，K线价格已经触碰到理论止盈或止损价格，则挂单作废。b.若触碰挂单价前产生新的进场机会，则挂单作废。

⑤基础规避震荡策略：如果离场后发现价格振幅缩小，即不创新高也不创新低，则不再进场。下面画图举例说明。

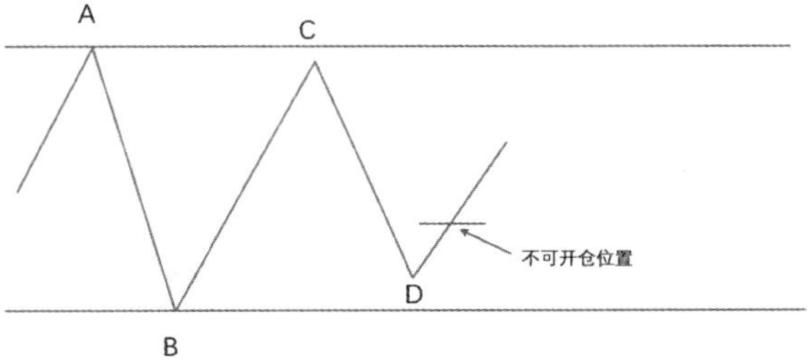

如上图，如果在盘面上，每次发生K线价格低于前两根K线的最低价，我们就以当前最高点或者最低点作为顶点，并连接上一次发生和下一次发生该情况的点，我们就可以得出上图所示的折线图。通过这样的折线图，我们发现连续两个顶点下降、两个底点抬升的情况，那么上图的D位置之后出现的进场点，则说明进入震荡，不予进场，只有当价格再次突破C点或D点之后，我们才允许再次按照规则开始开仓。但是，如果相隔一段不连续交易时间（对于国内期货而言，就是隔日，对于外汇交易而言，就是隔周），可以无视A和B构成的边界。为什么呢？因为经过一个周末，市场的气氛通常都有了变化，原来的箱体边界已经没有什么意义了。

注意，对于震荡的打破，读者亦可选择改为击破上顶A、下底B两点作为打破震荡的标志，但需保持规则的一致性，不可同时应用两种规则。

⑥粗糙的减少震荡摩擦策略：单日连续二次亏损则不再

做单。

特别注明：在本书第一版面世后，不少读者将系统移植到自己的品种上，这里要特别提醒，一段连续的趋势，很容易出现每一根K线都突破前两根K最高点的情况，当我们在一个新品种上开始交易，遇到这种情况，并不意味着我们可以立刻进场，应该至少等待一次反向的突破后，再考虑进场。但如果一段单边趋势发展较为猛烈迅速，随之回撤后出现进场机会，我却也不建议就此进场。因为这样的规则比较“主观”，其实已经加入了市场情绪的考量，且不易量化，到底怎样的趋势属于“猛烈”呢？其实我们很难用量化的标准来描述。所以我会把一些类似这样的补充过滤器，放在我的微信公众号“非典型交易者”中发布，供读者选用，若有兴趣，可以关注。

仓位管理部分：

这次我们用一个非常简单的仓位管理规则，不涉及加仓减仓操作。

由于外汇交易仓位比较灵活，最小可以下0.01手，所以非常便于资金按比例控制。

所以每次进场，我们用本金的10%作为止损，由于止盈和止损为1：1，所以简单地说，每次要么赚10%，要么由于特殊规则②而平出，不赚不赔，要么就是止损，亏10%。

10

为期半年的系统操作测试

市场中值得做的单子，一共就以下三种。①符合多周期共振的经典顺势单，顺得不能再顺的那种。②通过市场骗局实现的顺势单，也就是通过识别骗局，达到顺大逆小的效果。而其他所谓的顺大逆小单，不是优质的单子，不做也罢。③极端情绪之后的反转单。

很多人在网上、书本里分享所谓的交易系统，系统本身都没有把所有要素阐述注释清楚，故意留下一些模糊地带，要么是留给自己回旋的余地，要么就是自己都没搞清楚。而举的图例却个个顺风顺水，给你一种错觉，用了该系统，赚钱不在话下，然而报喜不报忧，谁不会呢？本书要做一些不一样的事，让我们不间断地用一个品种持续模拟操作半年，让顺境逆境都无所遁形，各位看官觉得如何？

为了充分发挥复利的作用，每周一开始交易前我们都将重新按照当时的即时净值计算本金。由于规则非常之简单，所以模拟和实际的误差理论上是非常小的，让我们看看半年下来，理论上能够获得多少收益。

时间轴从2019年1月2日开始，虚拟资金就从1000美元开始为起点计算吧，交易标的：USD/JPY。

2019年1月2日～1月4日操作

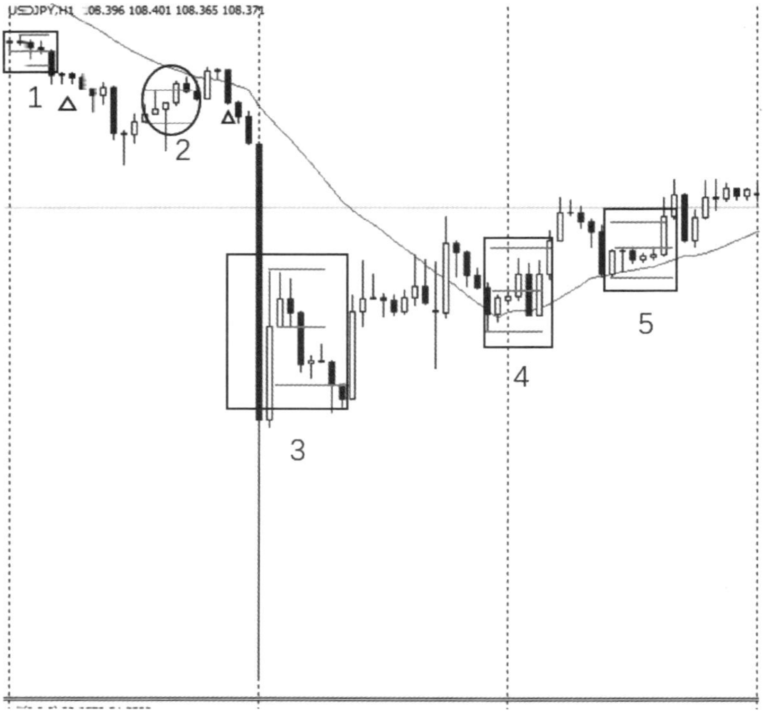

图10.1　2019年1月2日～1月4日操作

在这里强调一下，图表中间的虚线是每天0点（GMT+2时间），根据特殊规则①，虚线左边7根K线，右边2根K线出现的信号是被忽略的。

我把盈利的单子，用正方形框起来；把止损的单子，用圆形标注；把由于特殊规则②而平出的单子，用菱形虚线框标注。所有单子从左到右用数字标上序号。每一个盈利的单子，都会有三根横线，中间的横线是开仓位置，另外两根分别为止盈和止损位置。多空方向很好辨别，看开仓位置位于均线上方还是下方就知道了。

注意，图中所有明显盈利的单子，其止盈位都是我在图上凭感觉画的，不一定精确。对于那些比较悬的，目测达不到止盈或刚好止盈附近的，我都会去图表上求证具体的价格，以确保结果准确。

可以看到，本周一共三天交易，由于规则简单，我就不一一解释每一单为何进场了，但是对于一些需要注意的单子，我会注释说明。比如1号单，是基于特殊规则④进场的。

注意这里有两个地方我用三角形打了标记，第一个三角形处没有做空，因为这里虽然貌似有连续两根K线没有创新低，但是似乎恰好打平，要说满足规则比较勉强，所以就不做了。第二个三角形，首先因为时间段处于不允许开仓的时间段，其次，2号单子的止损已经在均线下形成上升阶梯，与均线方向矛盾，也是不能开仓的理由。

本周交易情况：

4胜1负，盈利30%，资金增长至1300美元。

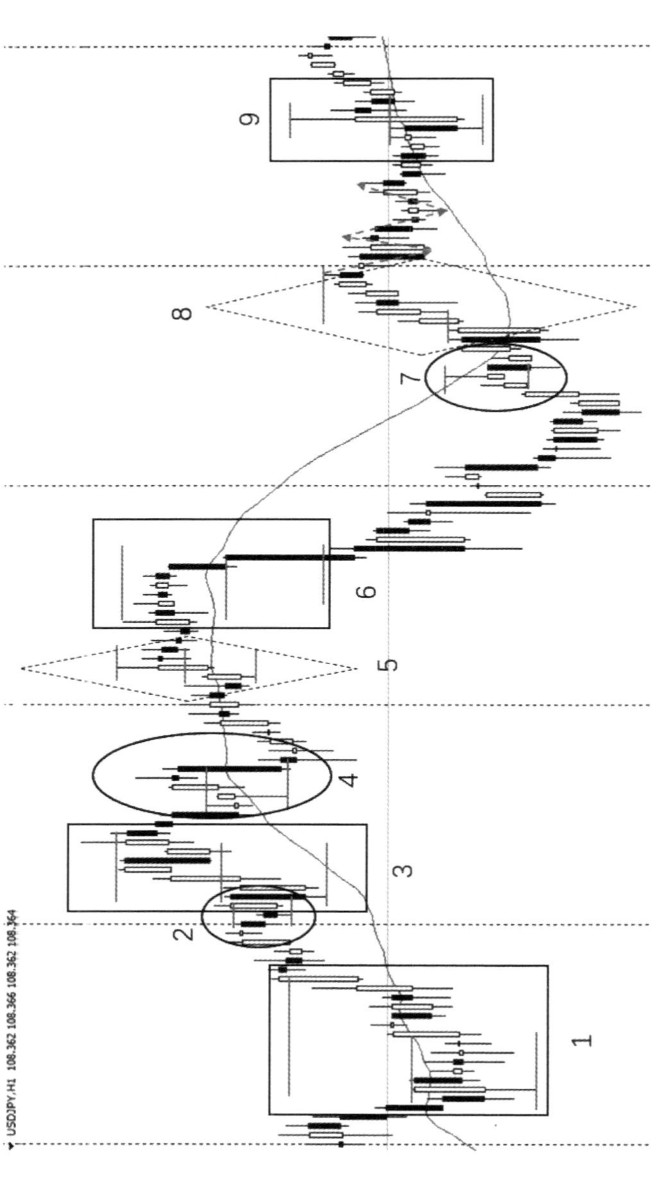

图10.2　2019年1月7日～1月11日操作

2019年1月7日～1月11日操作

注意，1号单，以及6号单，都基于特殊规则③，即收盘价站上均线后进场。

另外，1号单有人可能会说，之前的下跌那么厉害，应该击破了前期的阶梯低点，这个多单是否不符合进场规则呢？注意我的规则是，价格未形成连续的下降阶梯，且在均线之上，就可以进场。而这里价格只是打破了前期的阶梯低点，这并不算形成了连续的下降阶梯，只能算是上升趋势走坏，但并未得到进一步的确认。所以依旧符合进场条件。

2号单，基于特殊规则④的补位进场。

5、8号单，均发生了价格离止盈只差一点点而回来的情况，根据特殊规则②，我们移动止损到保本位，平出。另外，8号单还违反了特殊规则1，在虚线左侧第7根K线处进场，按规则是不予进场的。但是由于结果和不进场也没区别，我还是特意画出来，在这里我的目的是让各位思考一下，**为什么会出现这么多刚好在止盈位置附近反转的单子？**其实在成功的单子里，2号、9号单也是在恰好达到止盈位置附近后反转的。你再看看上周的3号单，细思极恐啊，呵呵。

另外9号单之前出现过在均线上由于符合阶梯下降而没有进场的情况，这里也标注出来了。

本周交易结果：

4胜1平（有2平实际无效，不予计算）3负，获利10%，本金增长至1300×1.1=1430美元。

2019年1月14日～1月18日操作

如图10.3所示。

第一天开盘的时候，三角形标志处，一根大阴线跌破均线，导致风险过高，故放弃进场。

5号单突破阶梯高点站上均线，进场点满足非连续下降阶梯条件。6号单为补位进场。

本周交易结果：

5胜2负，收益30%，本金增长至1430×1.3=1859美元。

2019年1月21日～1月25日操作

如图10.4所示。

1号单子的止损离场，说明这个上升趋势确实被破坏了，然而却未创新低，止损之后几根K线，再出现买点，说明进入震荡了，这符合特殊规则⑤。所以不进场。

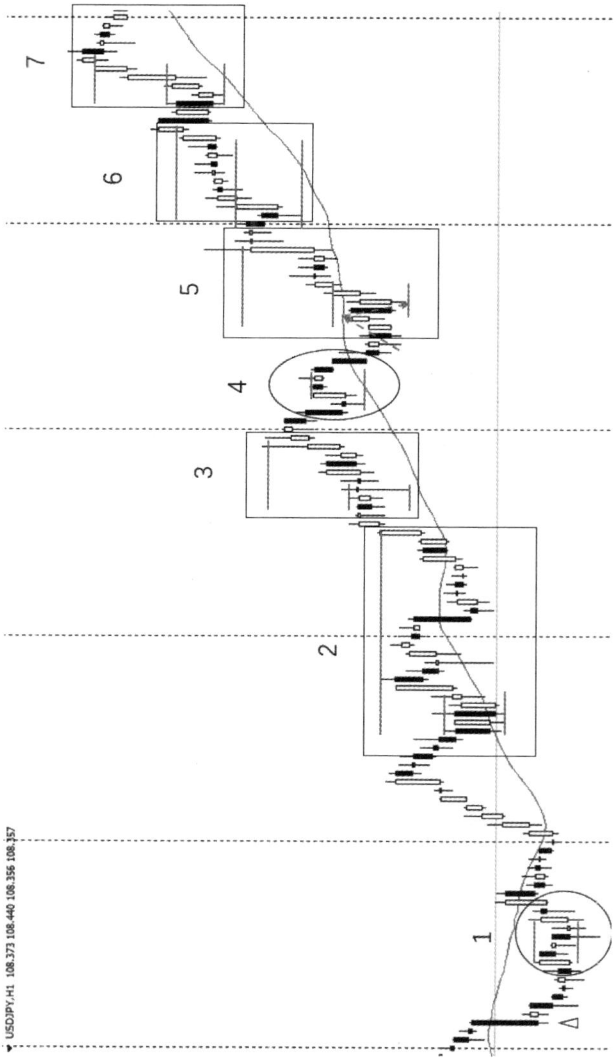

图10.3 2019年1月14日～1月18日操作

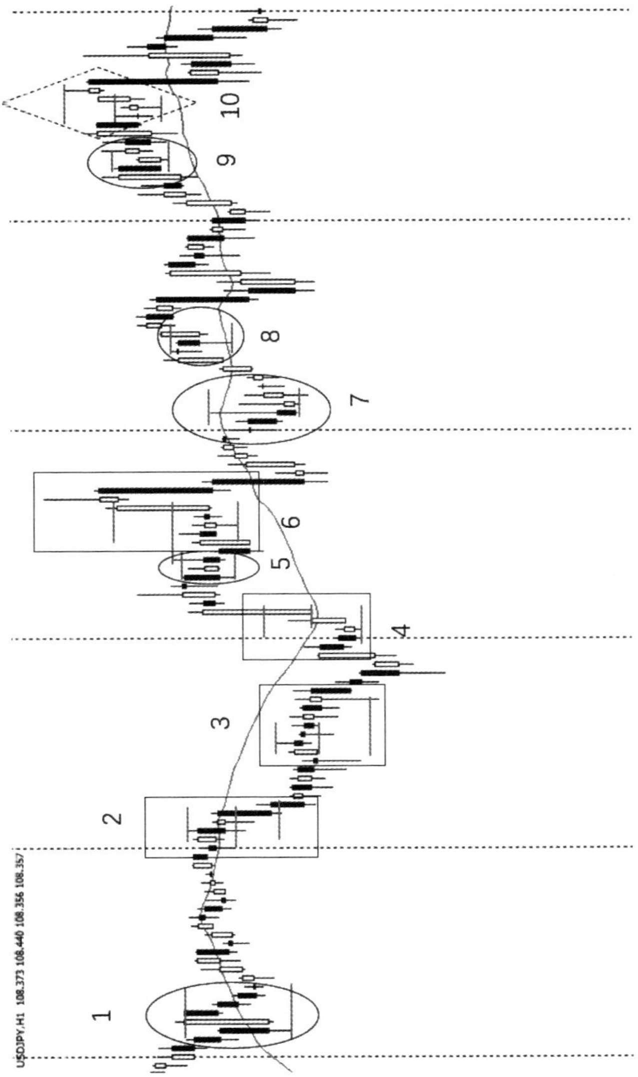

图10.4　2019年1月21日～1月25日操作

本周交易结果：

比较艰难，4胜5负1平，收益-10%，本金变为1859 × 0.9≈1673美元。

2019年1月28日～1月31日

如图10.5所示。

本周由于是月底，少计算一天，最后一天的收益合并在下周计算。

交易统计：

4胜2负，收益为20%，本金增长至1673 × 1.2≈2008。

我们回顾一下1月的成绩，本月累计21胜2平11负，失败率为32.35%，按每周复利计算，本金已经增长为初始本金的2倍。

2月1日～2月8日

如图10.6所示。

注意7号单子，由于未处于明确的上涨趋势，所以在收盘价收在均线以下的时候进场做空。而后一天，由于再次建立了震荡形态，所以也一直没有机会进场。

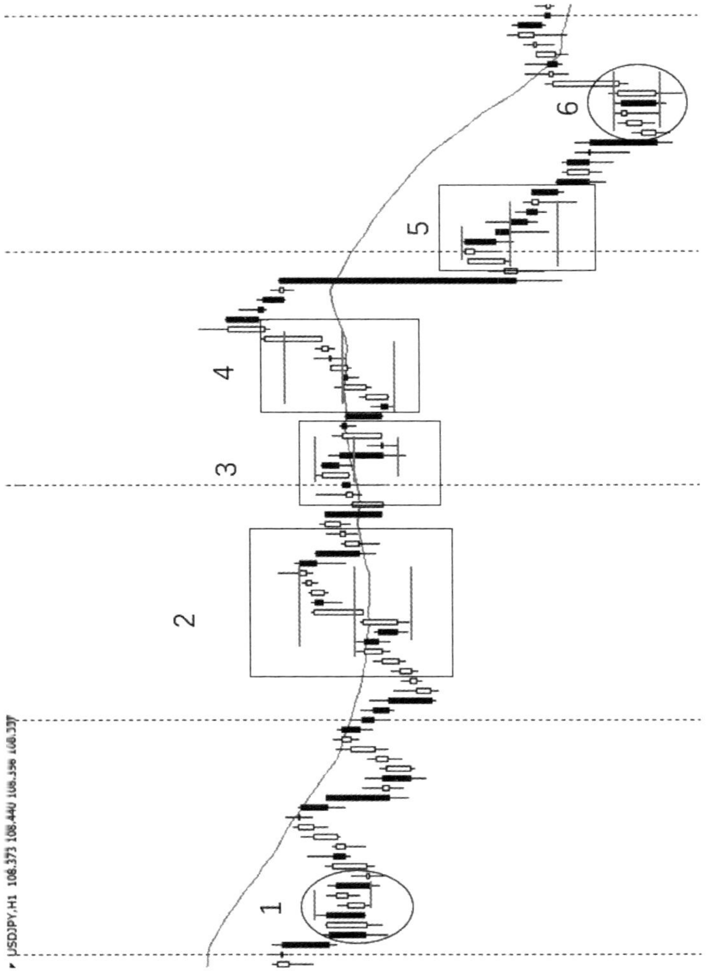

图10.5　2019年1月28日～1月31日操作

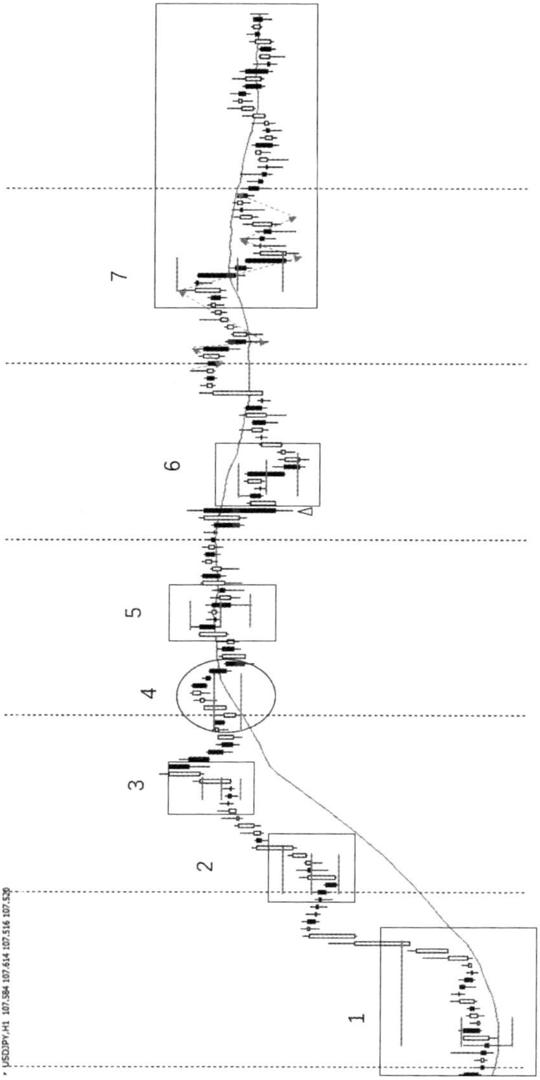

图10.6　2019年2月1日～2月8日操作

本周交易统计：

6胜1负，收益率为50%，本金增长至2008×1.5，约等于3012美元。

2月11日～2月15日

如图10.7所示。

4号单补位进场，和5号单挨得近，用虚线画一下，没有特别的意义。

7号单之后有一个大阴线跌破，这个阴线收盘价进场风险太大，做不进场处理。

8号单补位进场，差一点点止盈，打个平手出场。

本周交易统计：

6胜1负1平，盈利50%，本金增长至3012×1.5=4518美元。

2月18日～2月22日

如图10.8所示。

本周交易统计：

6胜2负，获利40%， 本金增长至4518×1.4，约等于6325美元。

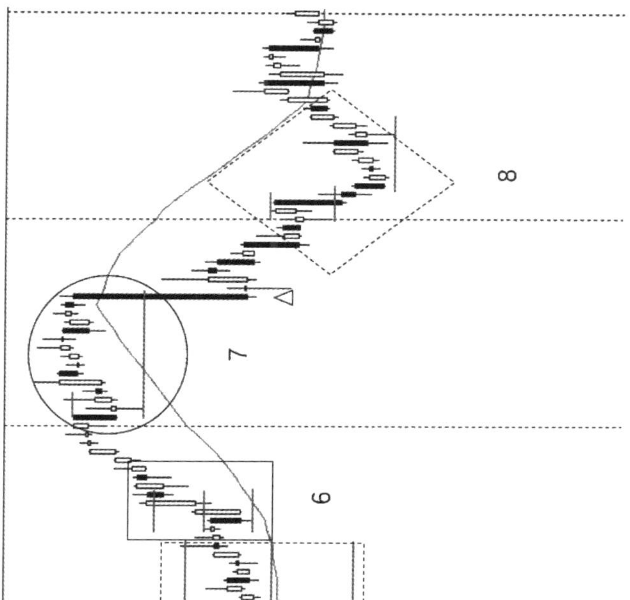

图10.7 2月11日～2月15日操作

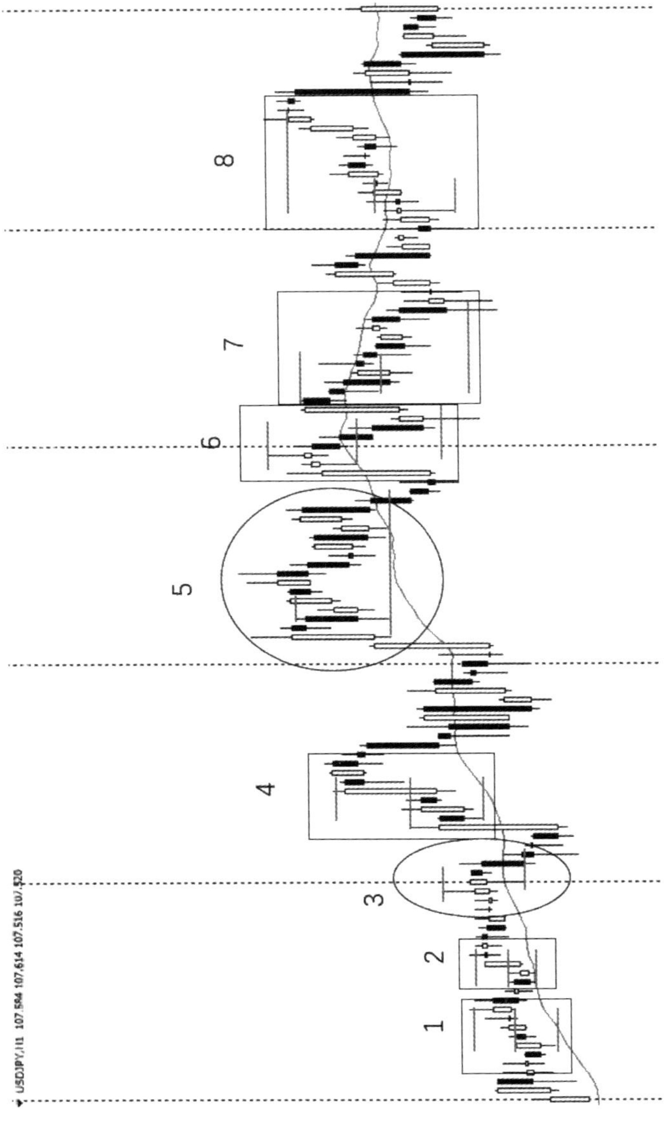

图10.8 2月18日～2月22日操作

2月25日～2月28日

如图10.9所示。

5号单之后有一个大阳线站上均线，风险过大，不追进。

本周最后一天为3月1日，合并到下周计算。共计4胜1负，获利30%，资金增长至6325×1.3=8222美元。

2月份总共22胜5负1平，失败率17.8%，按每周复利计算，本金已经增长为初始本金的8.222倍。

3月1日～3月8日

如图10.10所示。

5号单在满足补位进场条件前已经达到止盈位，故不进场。

本周交易4胜4负，本金不变。

3月11日～3月15日

如图10.11所示。

本周3号单之后有一个震荡箱体，满足不进场条件，我画出了ABCD四个点，大家可以参考特殊规则⑤。

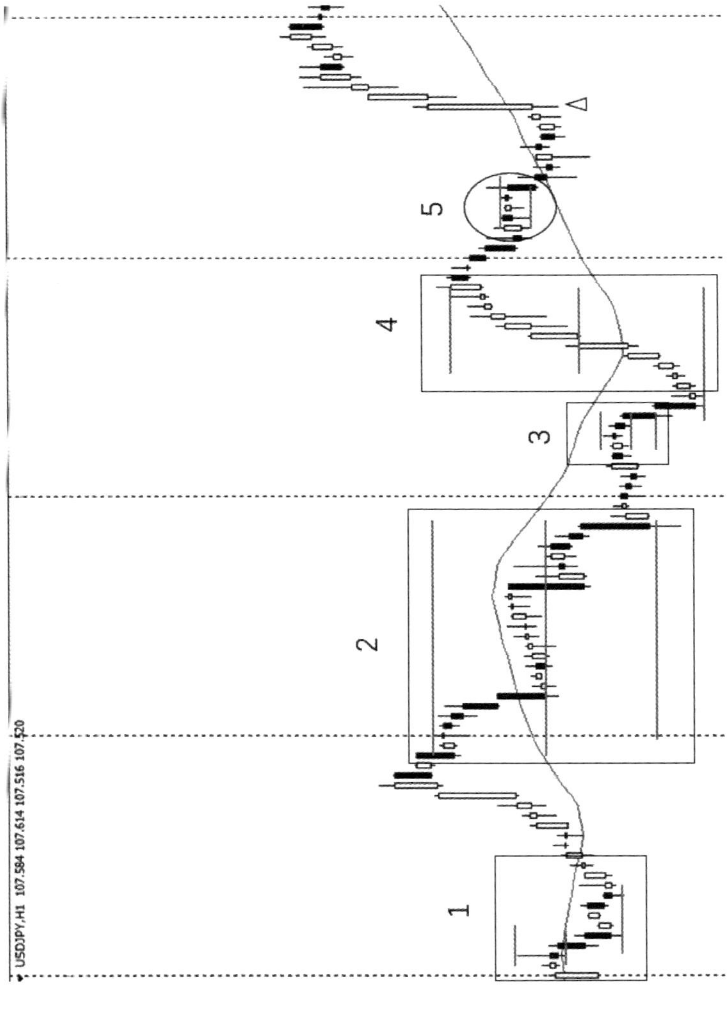

图10.9　2月25日～2月28日操作

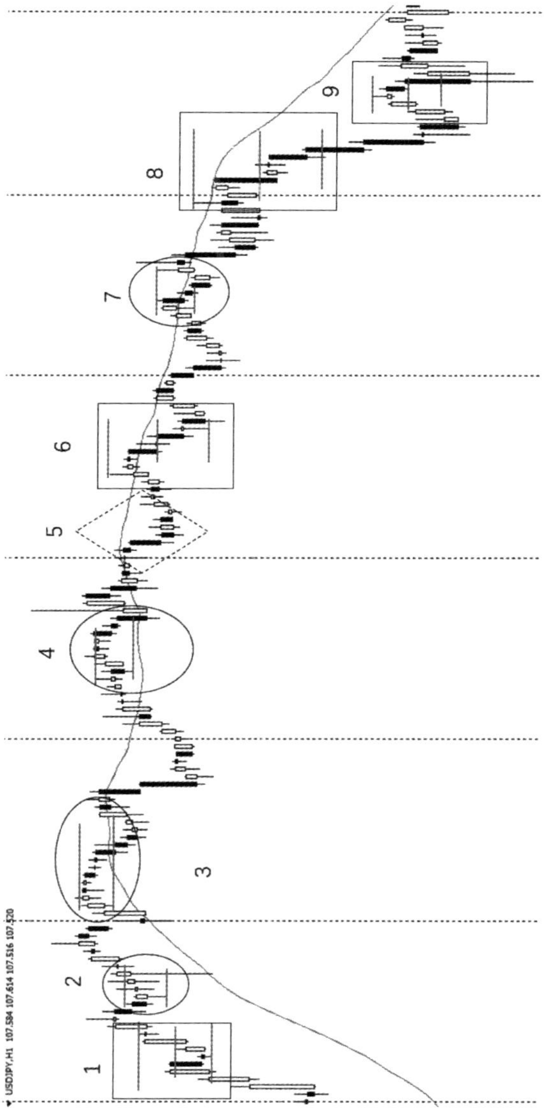

图10.10 3月1日～3月8日操作

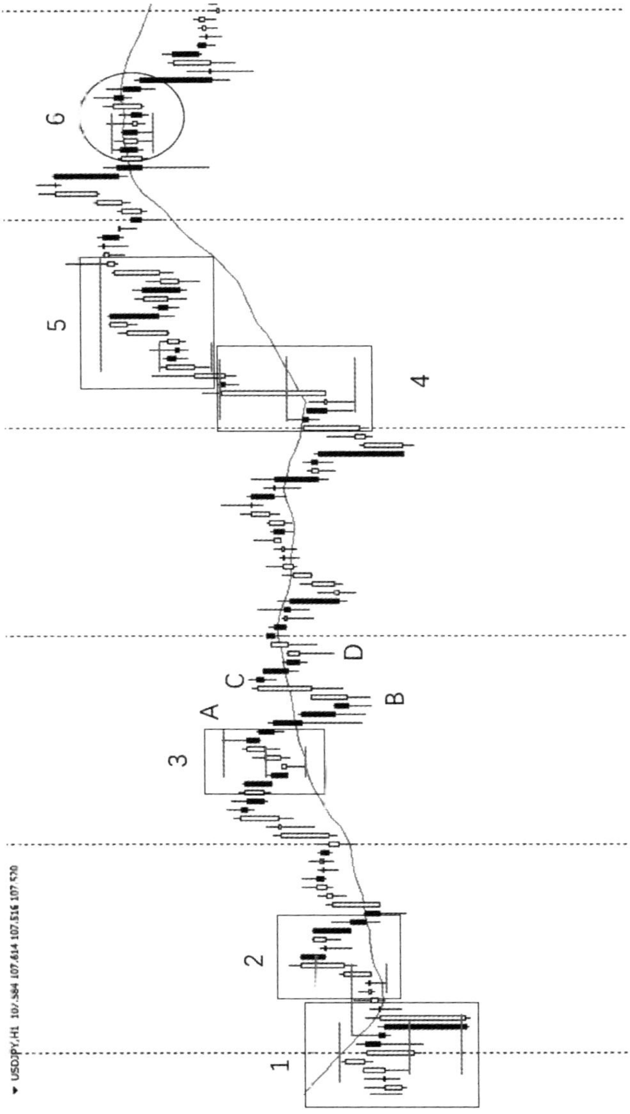

图10.11　3月11日～3月15日操作

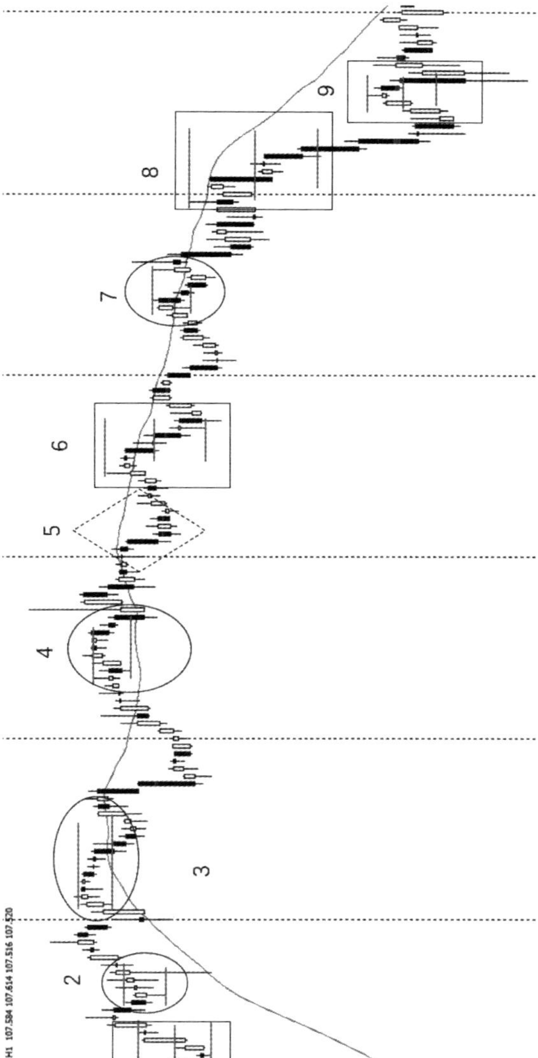

图10.10　3月1日～3月8日操作

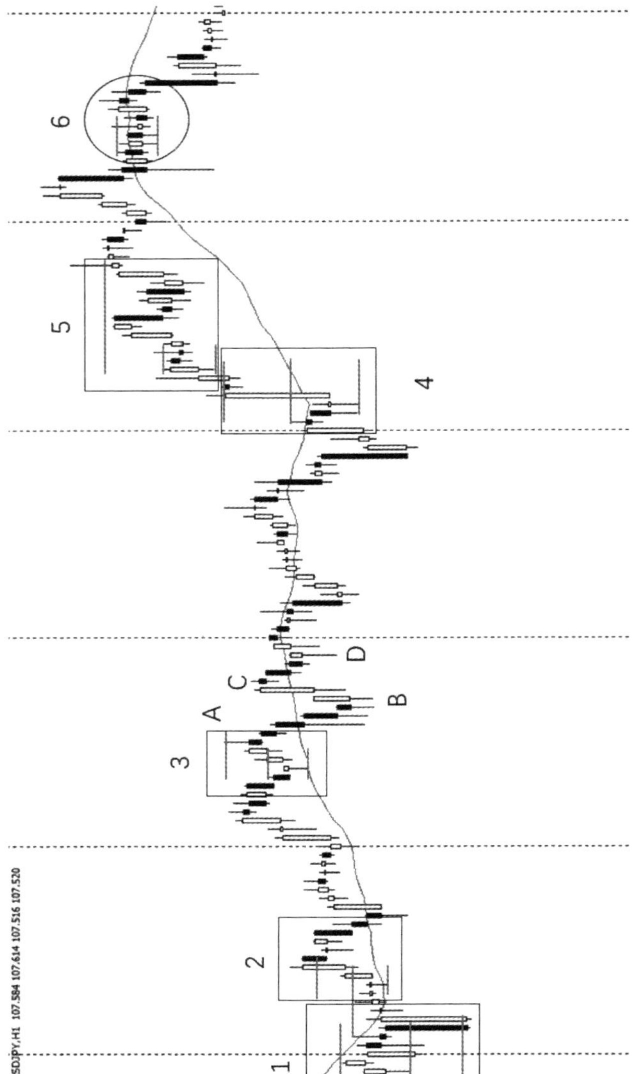

图10.11　3月11日～3月15日操作

本周交易统计：

5胜1负，获利40%，本金增长至8222×1.4，约等于11511美元。

3月18日～3月22日

如图10.12所示。

6号单子前有一个下降阶梯，虽然途中一度打破前高，但是又回落下来创造新低，故我们认为其依旧是一个下降阶梯。

本周交易统计：

6胜0负，获利60%，本金增长至11511×1.6约等于18417美元。

3月25日～3月29日

如图10.13所示。

2号单子，由于进场位置处于下降阶梯中（阶梯我没有画出），故不进场。

4号单子前，上升阶梯被打破，所以4号单子可以进场。注意打破的很不明显，两个低点很接近，但是事实上是被打破了。

7号单子之后形成下降阶梯，所以三角形处不予进场。

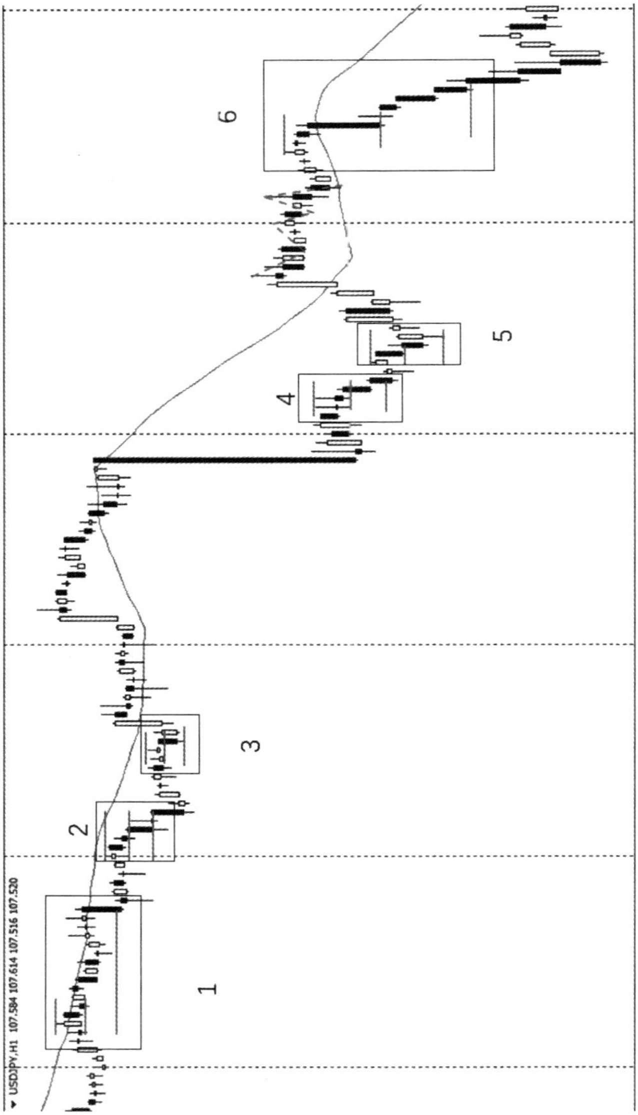

图10.12　3月18日～3月22日操作

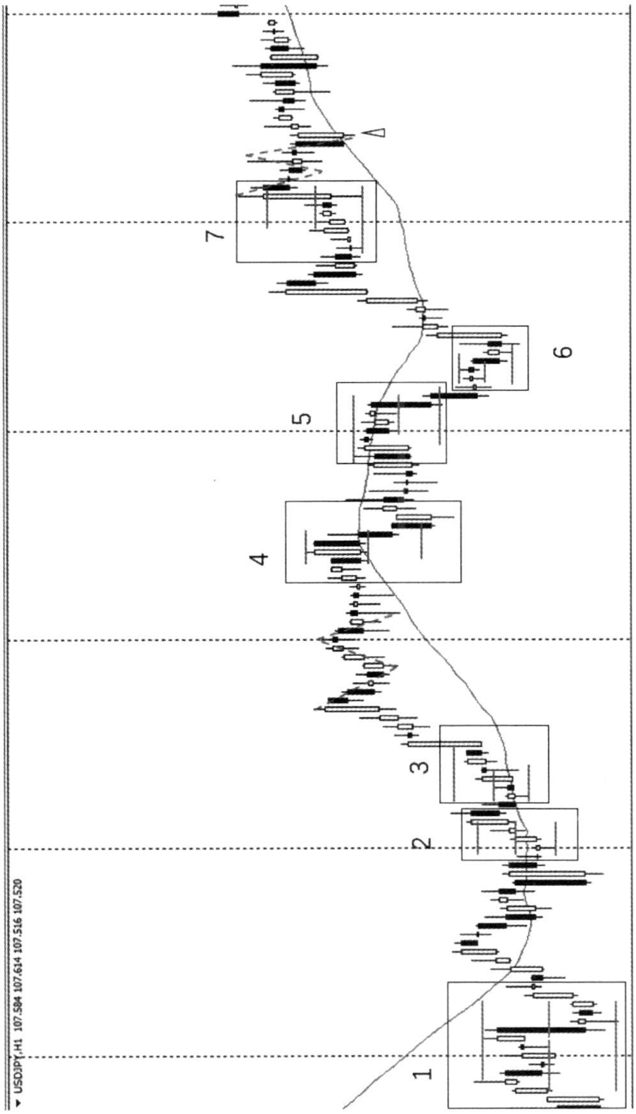

图10.3　3月25日～3月29日操作

本周交易统计：

6胜0负，获利60%，本金增长至18417×1.6，约等于29468美元。

本月战绩21胜5负，失败率19.23%，本金通过复利已经增长为年初始本金的29.468倍。

4月1日～4月5日

如图10.14所示。

5号单子之后形成了震荡箱体，我标出了ABCD四个点。

本周亏损，4负3胜，亏损10%，本金变为29468×0.9约等于26521美元。

4月8日～4月12日

如图10.15所示。

注意3号单子之前以及后面菱形处，因为补位进场之前已经触发止损，所以不进场。

10号单子，一直到了4月17日才被止盈，由此也避过一些震荡，好事，下一张图我会标明。

上一周的亏损被本周弥补了，10胜0负。本周盈利100%，本金增长至26521×2=53042美元。

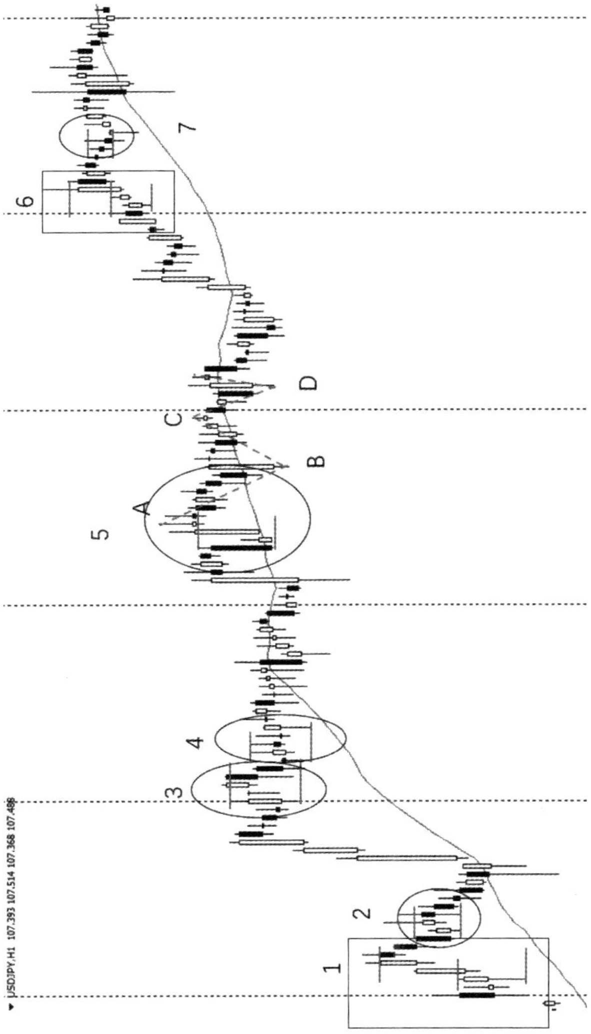

图10.14　4月1日～4月5日操作

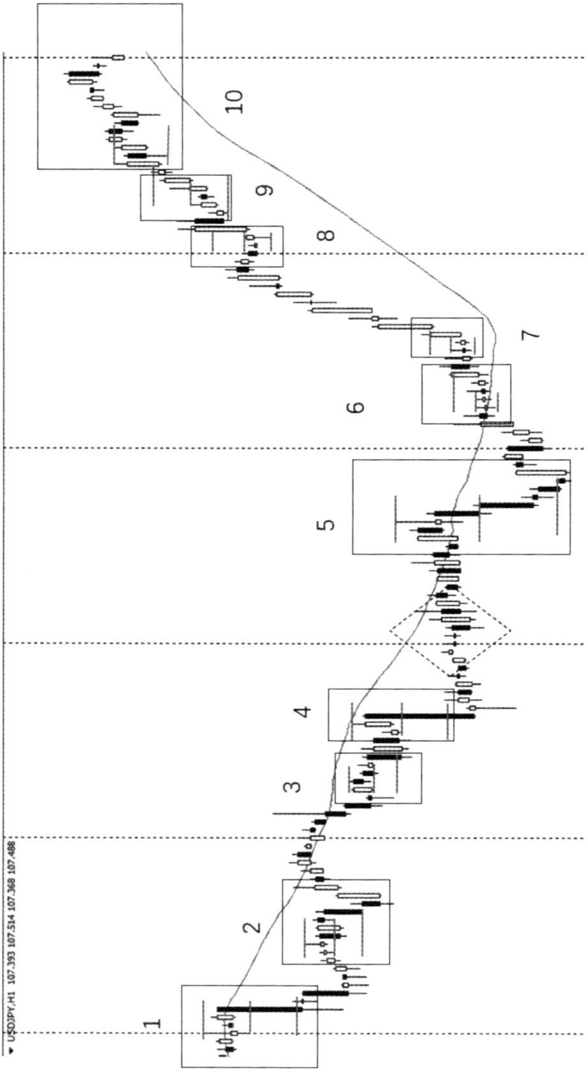

图10.15 4月8日～4月12日操作

4月15日～4月19日

如图10.16所示。

第一个方框是上周图的延伸，盈利计算在上周内。

本周1胜1负，打平，本金不变。

4月22日～4月26日

如图10.17所示。

本周4胜2负1平，获利20%，本金增长至53042 × 1.2，约等于63650美元。

4月29日～30日，本月最后两个交易日

如图10.18所示。3胜3负打平。

本月最终成绩是21胜10负1平，失败率31.25%。以每周复利计算，本金已经增长为年初始本金的63.65倍。

5月1日～5月3日

如图10.19所示。

在3号单子附近形成了震荡箱体。本周4胜0负，获利

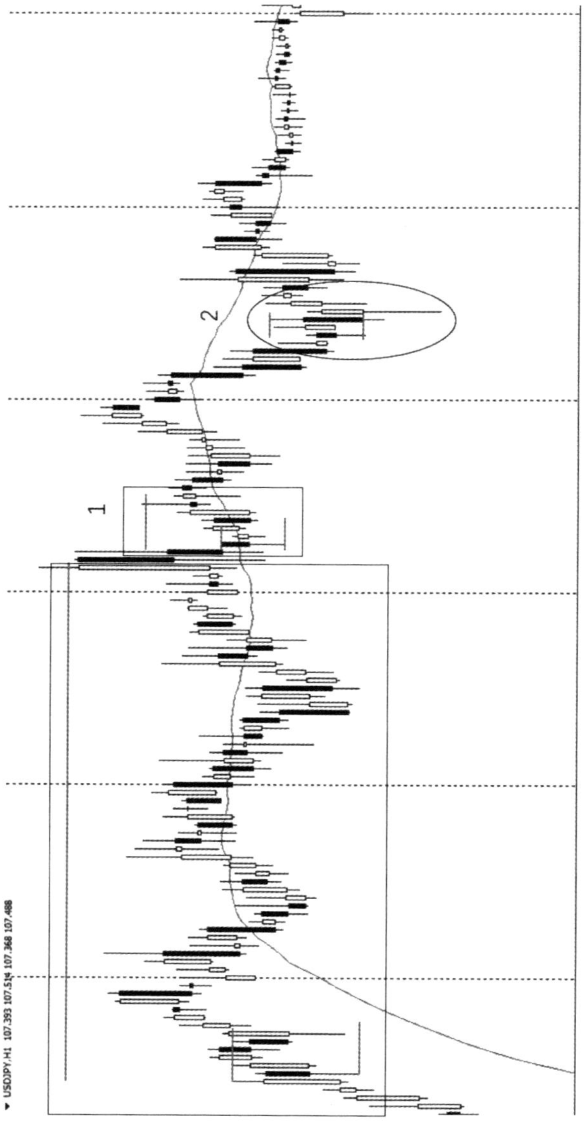

图10.16 4月15日~4月19日操作

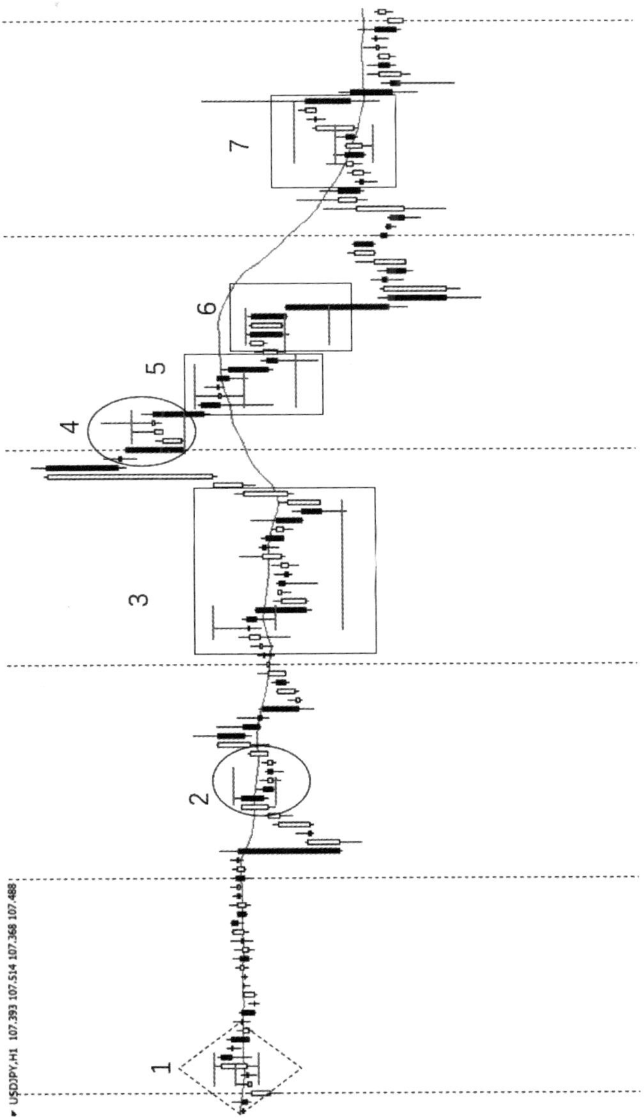

图10.17 4月22日～4月26日操作

40%，本金增长为63650×1.4=89110美元。

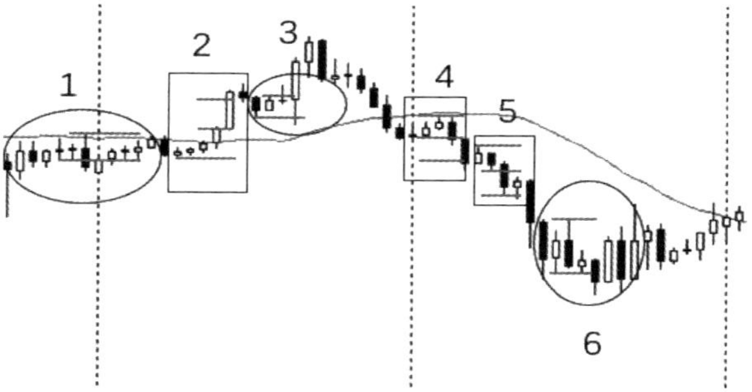

图10.18　4月29日～4月30日操作

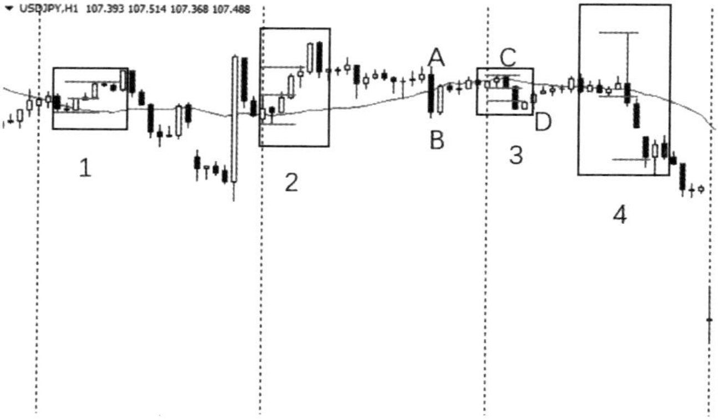

图10.19　5月1日～5月3日操作

5月6日～5月10日

如图10.20所示。

本周运气不错，8胜1负1平，获利70%，本金增长为89110×1.7，约等于151487美元。

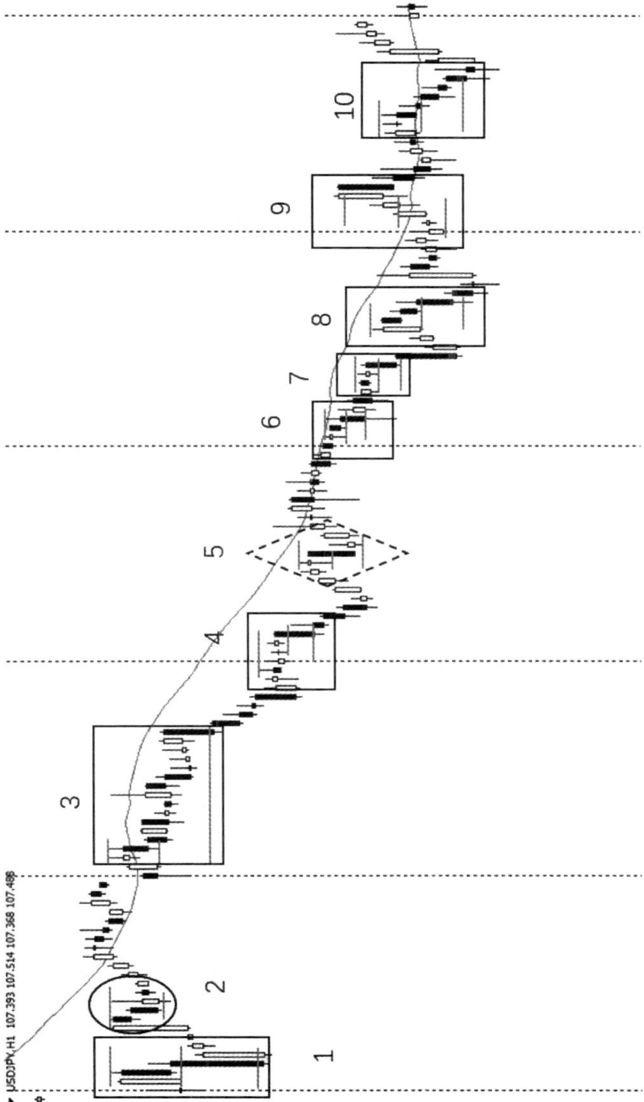

图10.20　5月6日～5月10日操作

5月13日～5月17日

如图10.21所示。

本周7胜3负，获利40%，本金增长至151487×1.4，约等于212082美元。

5月20日～5月24日

如图10.22所示。

本周6胜2负，获利40%，本金增长至212082×1.4，约等于296915美元。

5月27日～5月31日

如图10.23所示。

本周7胜1负，获利60%，资金增长至296915×1.6，约等于475064美元。

5月份我们一共获得了32胜7负1平的成绩，失败率约为17%，本金已经增长至初始本金的475倍，大家可以看到复利的威力已经显现，所以等比例盈亏虽然看似不怎么诱人，但是在复利和高杠杆的加持下，还是不容忽视的。接下来我们再做一个月，看看半年能让我们理论上获得怎样的收益。

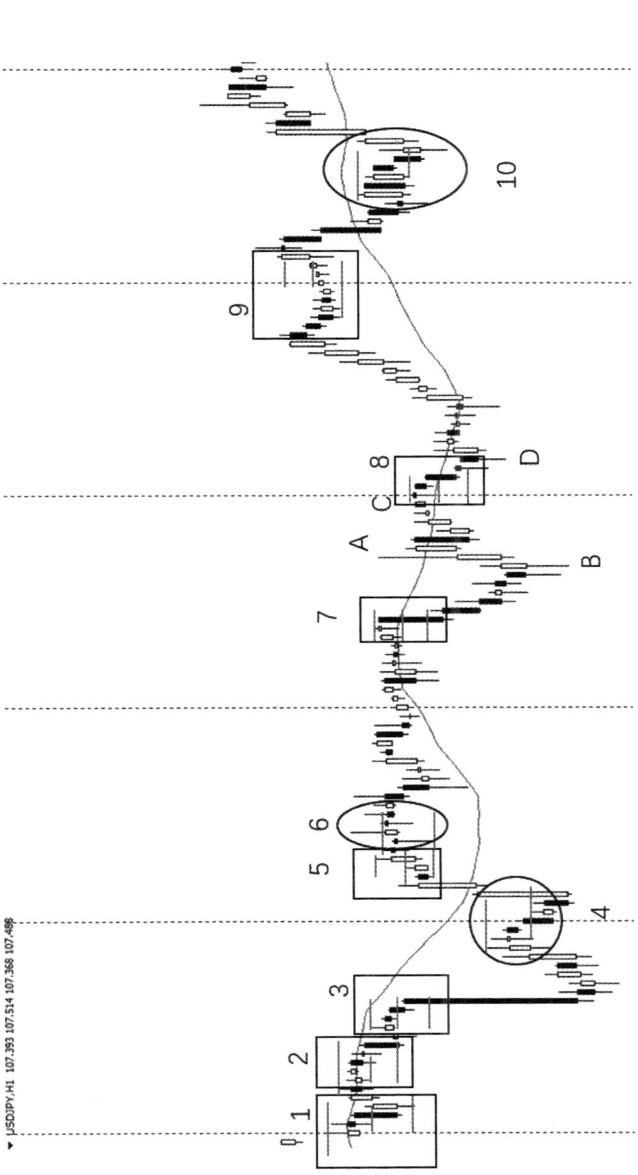

图10.21 5月13日~5月17日操作

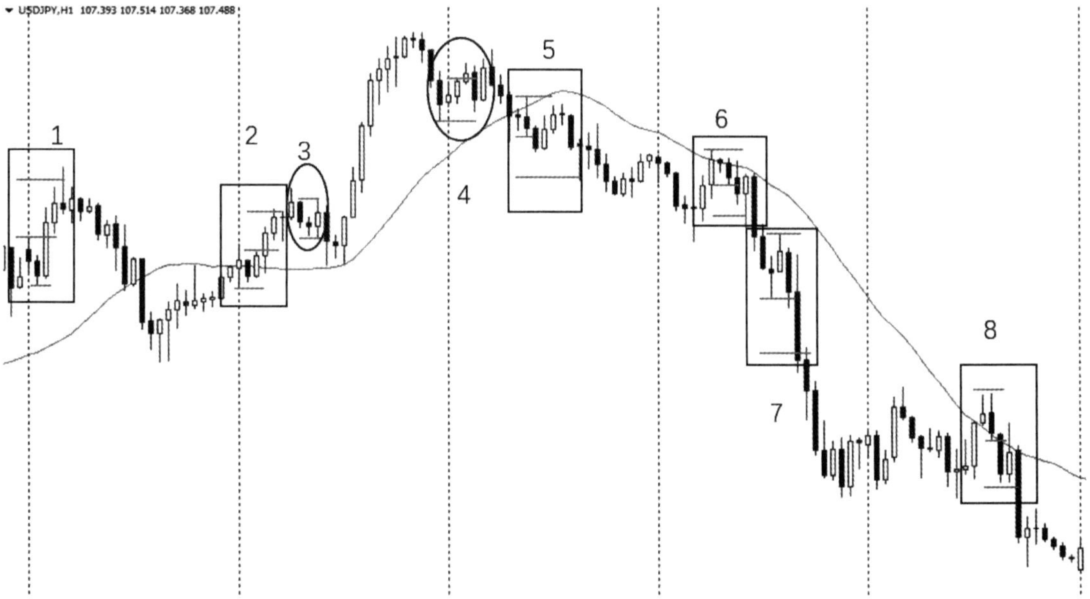

图10.22　5月20日～5月24日操作

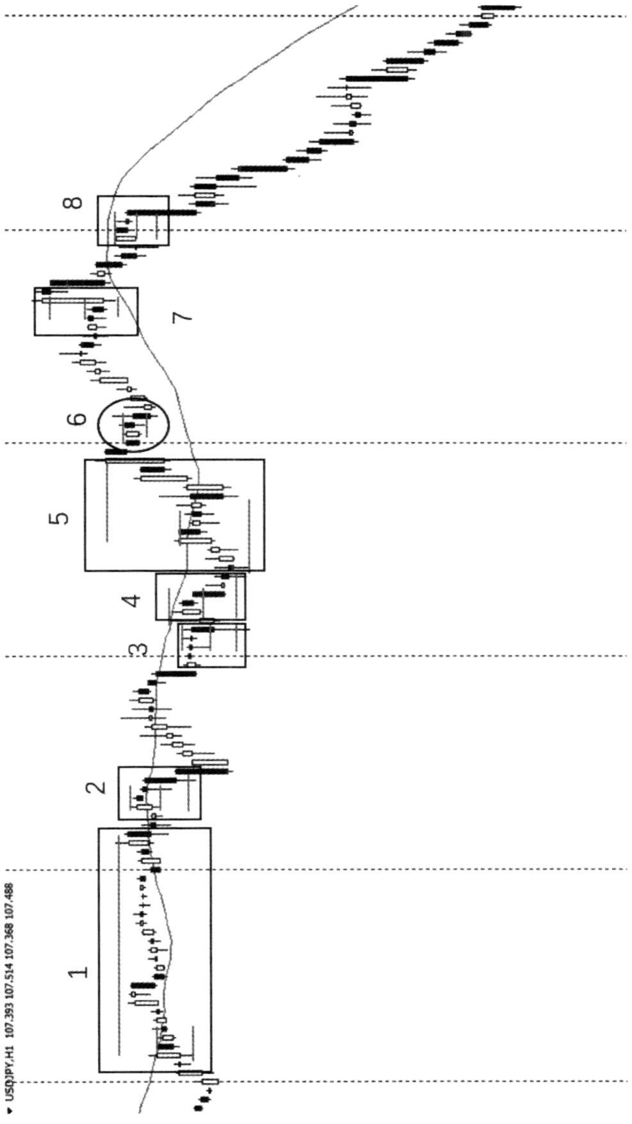

图10.23 5月27日～5月31日操作

2019年6月3日～6月7日

如图10.24所示。

本周4胜2负2平，获利20%，本金增长至475064×1.2，约等于570077美元。

6月10日～6月14日

如图10.25所示。

本周3胜2负2平，获利10%，本金增长至570077×1.1，约等于627085美元。

6月17日～6月21日

如图10.26所示。

本周7胜3负，获利40%，本金增长至627085×1.4，约等于877919美元。

6月24日～6月28日

如图10.27所示。

注意本周1号菱形中连续两次打平，6号和7号挨得太近，所以用虚线框表达，无特殊意义。

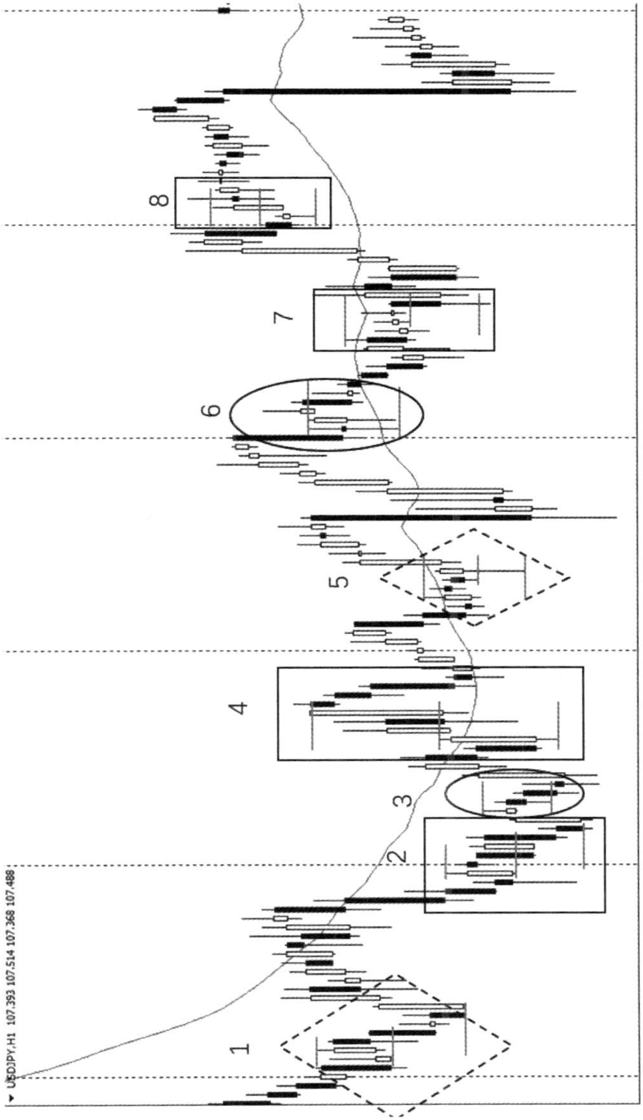

图10.24 6月3日~6月7日操作

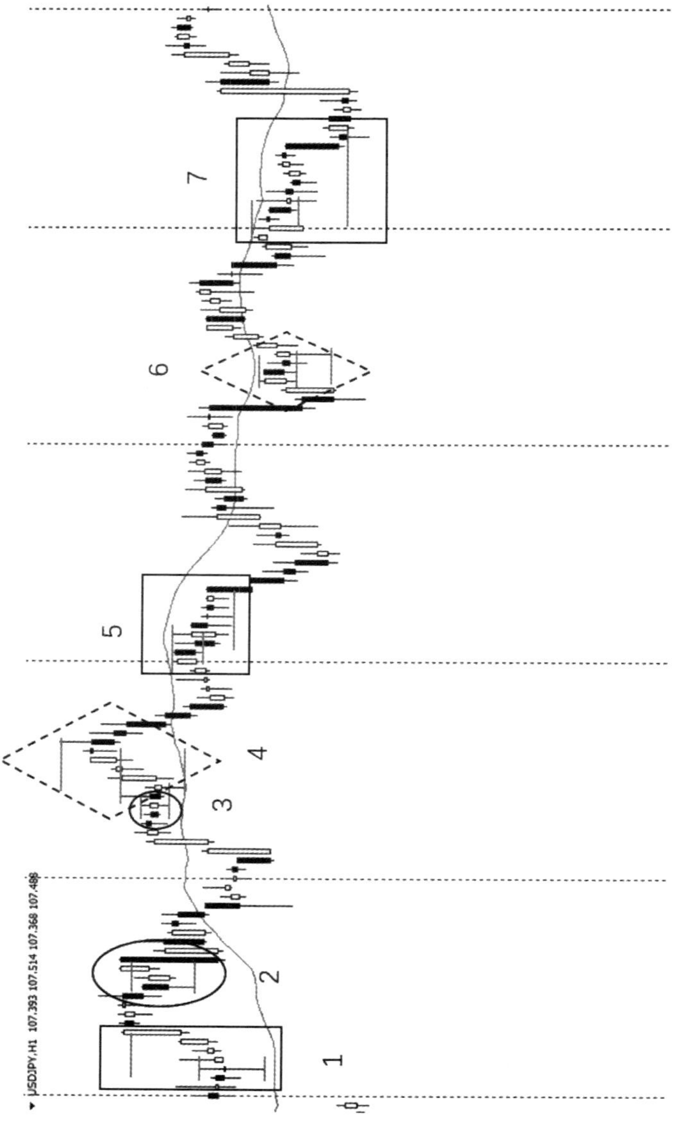

图10.25　6月10日～6月14日操作

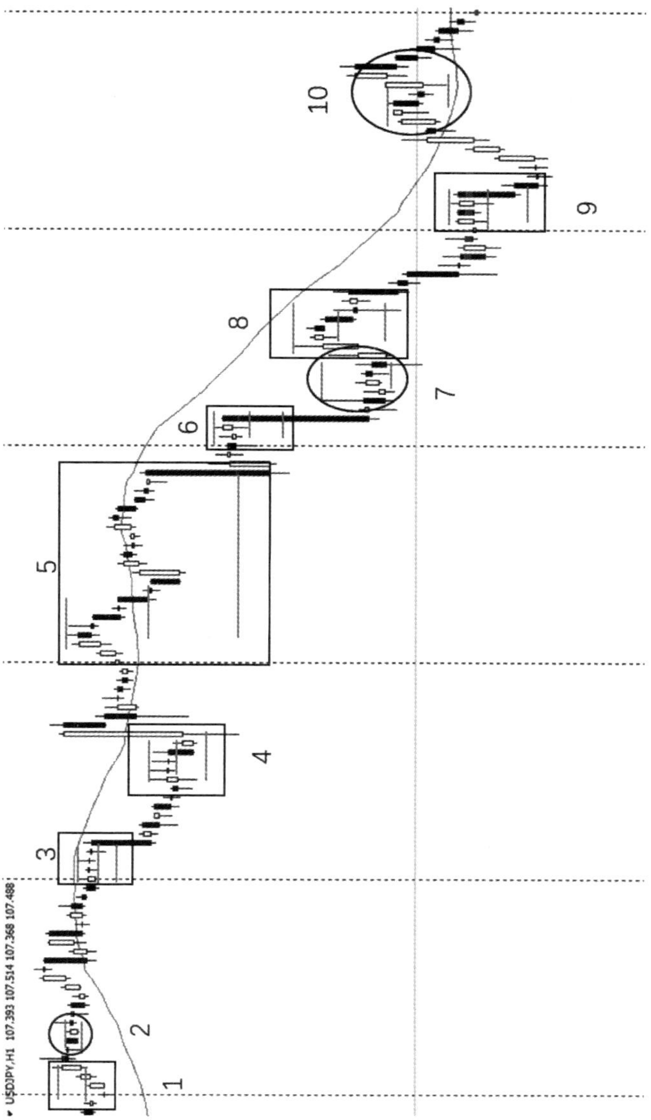

图10.26　6月17日～6月21日操作

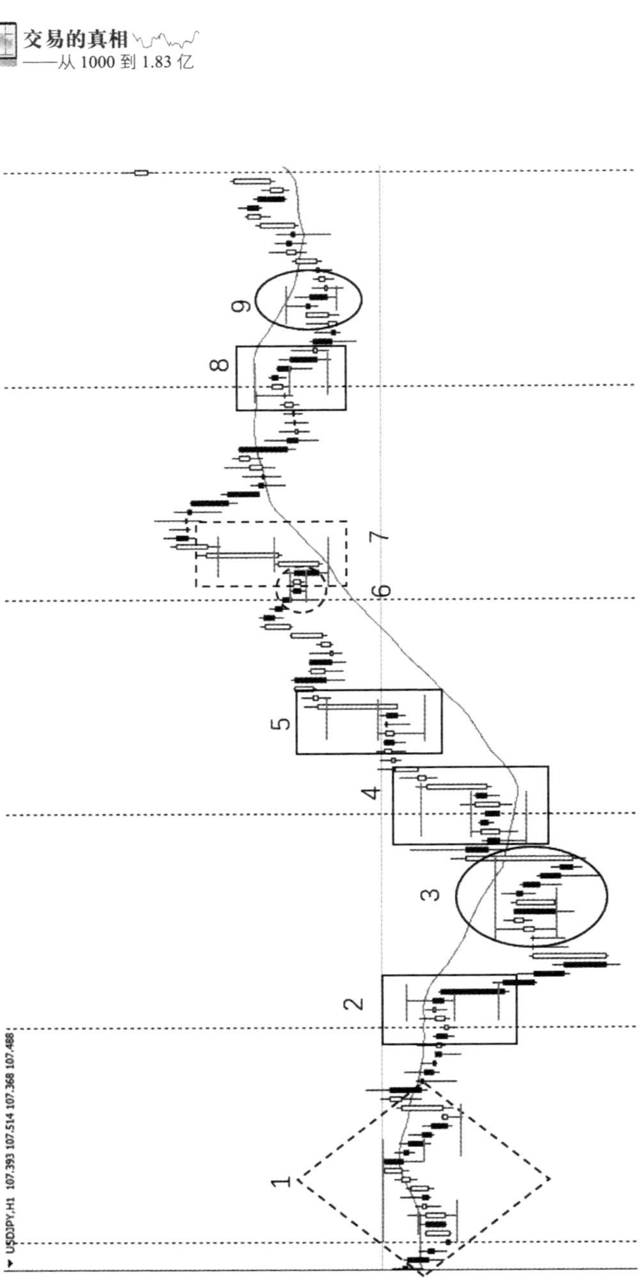

图10.27 6月24日～6月28日操作

本周5胜3负2平，获利20%，本金增长至1053503美元。

本月总共19胜10负6平，失败率约为28.6%，本金约增长至初始本金的105.35倍。

让我们综合计算一下累计6个月的数据：

时间	胜	负	平	胜率（含平推）
1月份	21	11	2	67.65%
2月份	22	5	1	82.14%
3月份	21	5	0	80.77%
4月份	21	10	1	68.75%
5月份	32	7	1	82.50%
6月份	19	10	6	71.43%
总计	136	48	11	75.38%

本来我是打算展示一年的数据的，整个统计下来，我们理论上到年底将获得1.83亿美元。当然这仅仅只是理论上，或者说理想上，和实际必然有着巨大的差别。但是毫无疑问，这个系统到目前而言，是个高效的、正收益的系统，半年的数据，理论综合胜率达到75.38%，而继续再贴6个月的图，意义已经不大了，有凑字数的嫌疑，还是算了。

我在这里把系统的所有细节都展示给各位，并且一一标出所有进场位置和理由，连续的6个月无死角展示，包括顺风和逆风的情况。而且这个系统足够简单，简单到你也可以轻易复制出和我一致的结果（由于是模拟，部分操作可能存在些许错误，但是误差不大）。应用这个系统，甚至不怎么需要考验你的人性，因为回撤很小，并不存在屡败屡战或者大量获利回吐的情况。

这就是本书和其他书的区别。我想在这之前，并没有任何书籍把一个系统能够如此这般地展示给各位，究其原因，大抵是那些方法没有办法经历如此这般的推敲，正如古人的草药通不过双盲试验一般。

你可能会想到《海龟交易法则》，与我公布的这个系统相比，那个系统更加复杂，且更加机械和低效。

这套系统基本就是为本书而定制，我本人并非应用这套系统在市场中交易。在我看来，这套系统依旧简单而粗糙，因为没有情绪识别的机制，还在使用均线上多下空这种原始方法，等比例盈亏也并非是最佳的模式。而在了解市场的本质后，要制定出更加符合市场规律的系统，并不是难事。既然如今这套系统被我展示出来，那么未来其效率应该也会慢慢开始打折扣，考虑到我的模拟中屡屡出现止盈后或差一点止盈时反转的情况，我想市场上也是有一些人在应用类似的方法，希望他们以后不要戳我的脊梁骨。

我们到底能不能通过这个方法赚到1.83亿美元？这并不重要，重要的是我已经展示给各位，一个赚钱的、高效的系统，是不需要那么多花花肠子的。看到这里是不是还想去沉迷于什么走势的分类呢?

如果你想研究对市场了解层次更深、更高级的方法，那么我可以告诉你，市场中值得做的单子，一共就以下三种：

①符合多周期共振的经典顺势单，顺得不能再顺的那种。

②通过市场骗局实现的顺势单，也就是通过识别骗局，达到顺大逆小的效果。而其他所谓的顺大逆小单，不是优质的单子，不做也罢。

③极端情绪之后的反转单。

在考虑市场情绪的前提下，再去研究这三种单子，应该会有不一样的收获。

11
K线交易之外

在现实中，总有人能够以各种各样的方式，获得一定的优势。而在投机市场，绝大多数能够获取优势的方法都被拦住了，这也就是这个战场淘汰率特别高的最直接原因。

在投机交易的磨炼中，其实能领悟到的东西绝不止于K线交易。很多人看不起投机，觉得是一群在市场中兴风作浪的人干的事。人们更崇尚的似乎是投资，而非投机。所以巴菲特显然比索罗斯在世界上更受欢迎。投资=干实事，投机=倒把，这就是大多数人心中的逻辑。

然而在我看来，投机和投资并没有本质上的区别，主要区别就是一个周期短一点，一个周期长一点，而本质上都是被二八定律控制，少数人盈利，多数人亏损。记得当年还在打工的时候，有一回跟着老板去客户那里，在高架上老板看着车窗外的高楼大厦，突然有感。告诉我他当年创业开公司的时候，有一位前辈告诉他，你不要看你行业里的竞争对手那么多，五年之内80%都要关门大吉。他当时哈哈一笑，这怎么可能？结果五年后再看，还真是80%都不在了。

所以不论投机还是投资，都不是一件容易的事，相比之下，投机又更为残酷一些，因为短线交易就是试金石，只有通过重重磨炼的人才能脱颖而出。

对于一个小周期交易者而言，假如他是做1分钟周期的，假如他在24小时连续交易的市场中，一天工作8小时，那么这8小时将会有480根K线。如果他工作一个月，以22个工作日计算，那么将经历10560根K线。

而对于一个大周期交易者而言，假如他做的是日线的周期，按一年约250个工作日计算，那么他一年才经历250根K线。

故而一个小周期交易者1个月的经历，其实可以看作相当于一个大周期交易者42年的经历。42年，扣去未成年和退休时间，几乎就是一个人的一生了。虽然短线交易很难赚钱，但是谁又没有过暂时的辉煌呢？那些做大周期的人的成功，很多时候其实是一种“幻觉”，你可能也就是仅仅站在了一波足够你吃一辈子的趋势上而已。而一个小周期交易者假如能够连续稳定盈利10年，还做到了每个月都是正收益，那么可以说这就相当于一个大周期交易者，在五千年的人类文明史中不断“转世”，在每一世中都成为一个杰出的成功者，你想想这个难度有多大吧？

举一个现实中的例子，日本Softbank集团的领袖孙正义，大家应该都有耳闻。他最成功的一笔投资，就是阿里巴巴了，获得的收益在1700～2000倍之间，然而在阿里巴巴之外，除了投资雅虎，倒手了芬兰的游戏公司supercell获利较多以外，尽管投资了很多热点项目，但是大多数投资目前看来都不甚成功，浮亏严重。

如果把孙正义的投资方式看作是一套低胜率、高盈亏比的系统，其实也挺形象的。但是这个系统其实是充满了危险和不确定因素的。为什么呢？我们看看如下一段话：

> 孙正义每次投资前做的调查和铺垫是难以想象的，在进入创投领域初期，孙正义为自己写下了25项事业标准，然后根据标准去查阅资料，拜访形形色色的人，听取经验，最终挑选出了40个候选行业。他定下40个行业之后，每一个行业都做出了详细的组织结构图，并且做了未来十年的损益预计平衡表、资本周转表、资产负债表，然后他将这些数据与自己定下的项目选择标准逐一对照打分，确定他们是否符合自己的心中所想。每一个行业的调查文件加起来都接近半米厚。孙正义的调研有多极致？他甚至专门成立了一家调研公司，这家公司没有任何收益，只是负责为孙正义的投资决策做辅助。

这似乎是一个“技术+基本面分析”的过程，通过技术+基本面分析，让自己在市场上获利，是众多人在市场上的选择。现在我们接下来再看下一段话：

在12月6日的2019东京论坛上，当被问及“5分钟决定投资马云”一事，孙正义表示：“我记得其实应该是十分钟。”孙正义称，当时互联网刚刚兴起，投资了美国和日本互联网公司后，下一步就想投资中国，见了中国 20 家初创企业，其中一个就是马云。马云是唯一一个没向自己要钱的，甚至没有什么计划，马云就谈了一下对未来的构想，以及为何要帮助小企业实现梦想。此外，孙正义还表示，投资阿里巴巴完全是出于直觉，起初想投资阿里 5000 万美元的，但是由于金额太大被拒绝了。

这是一个什么情况呢？尽管习惯于无比充分的调研后再进场，然而颇有意思的是，其最成功的一笔投资，一笔一度贡献软银95%市值的投资，却是在没有任何调研的情况下，凭直觉在十分钟内做出的决定。

所以，这其实就是一个未经验证可以稳定盈利的长线交易系统抓住了一波可以吃一辈子的趋势的故事。当然孙先生也许未来还能抓住一波趋势，足以名留青史，但这改变不了这是一个危险的系统的事实。这么来看的话，人生短暂不是没有好处的，毕竟没有证据证明有来世，我们就只需要考虑这辈子的事就够了。

需要说明的是，这里只是单纯地评价孙先生在风险投资上的策略，而孙先生作为一个成功者，在其他方面，譬如softbank的经营管理方面，必然是有其过人之处的，否则也不会有那2000万美元的资金来投资马云，不是吗？

投机和投资，玩的都是同样的淘汰游戏，其实就是一母双生的兄弟。在我们开始决定要介入这个游戏之前，一定要了解自己在运气之外，还具备哪些优势，哪些可以让我们在28定律中成为2的优势。

在笔者曾经居住过的几个区域附近，经常会有一些比较差劲的地段，在我看来是完全不是适合某些类型的店铺的。但是总有人赴汤蹈火，前仆后继地在这些地方开店，看着这些店铺一个接一个的关张，我每次都在想，是什么给了人们这样的勇气，可以这样草率地决定自己的投资呢？同样在投机市场，总是不断有新人涌入，又是什么给了他们这样的勇气，认为自己可以从这个市场上赚钱呢？是那些你看我看大家看的技术分析书籍，是与众不同的头脑，还是你有内幕消息的渠道呢？我想大多数人实际都不具备任何优势，这也就是他们失败的主因。

在现实中，总有人能够以各种各样的方式，获得一定的优势。有些人具备较好的战略眼光，布局抢占了先机。有些人有过人的胆略，在别人还犹豫的时候，抢先下了水，也同样抢占了先机。有些企业有技术壁垒，阻拦了竞争对手的涌入。有些企业的背后资本雄厚，钱多，烧钱烧死竞争对手。有些人，出生就有一些不可言的关系，或者通过不可言的手段建立了不可言的关系，等等等等。而在投机市场，绝大多数能够获取优势的方法都被拦住了，这也就是这个战场淘汰率特别高的最直接原因。

当我们决定去投资一个项目的时候，一定要认真思考我们自己到底有什么优势，才可以让我们成为少数派。譬如今天有人拿着一个理财项目找到你，说你只要投钱参加这个项目，你可以获得XX%的年收益，我们这个项目的资金是用来投资某某基建项目，某某电影等等。或者我们有一个加盟连锁项目，只要你缴纳一定数额的金钱，我们将辅助你建立加盟连锁店等等。这时候如果你稍微思考一下，就会发现自己作为一个普通投资者，在这个项目上和另一个路人甲投资比起来，没有任何的优势。不仅没有优势，作为散户，在项目利润分配环节，我们还处于食物链的最底层，这根本上就是劣势。所以这样的事，我们完全不应参与，因为如果年收益很高，那么是骗局的概率非常大，如果年收益一般，却又缺乏足够的安全性，那我们又有何投资的必要呢？

再打个比方，假设有人劝你去做微商，直销的销售，告诉你只有做销售才能改变自己的人生。你想想是这么回事，自己现在打工的公司里，凡是能坚持几年没有离职的销售，基本上都过上了不错的日子。但是你有没有想过，你的公司是一个正常的公司，公司的员工，大部分是工厂员工或者是技术、行政岗位，拿着相对固定的工资。销售在公司是一个部门，属于少数派。那么销售获得较高的收入，在你的公司里是很正常的一件事。因为他们承担着不一般的压力，又属于少数派，自然应得较好的待遇。你再想想如今你准备投入的事业，你有没有去看过他们的员工中（正式非正式一起算），销售占什么样的比例，你还是个少数派吗？你和这么大基数的竞争对手相比，除非你有把握尽快发展大量的下线，否则你如何脱颖而出？你要明白，一旦你决定进入，无论如何，你都将面临一场远超普通行业竞争程度、高淘汰率的血战，这大概率不是一个改变你人生的机遇，而是一个大坑。

在现实中的投机里，有很多曾被深度炒作的商品，譬如飞天茅台、曾经的玩客云、房产，新冠肺炎疫情导致的口

老师，我巧舌如簧，资金雄厚
赐也，鲁国危急，此次出使你有什么优势？
子贡

罩、熔喷布等等，作为炒家，你同样需要确认自己的优势。茅台、玩客云，基本上在官网都是每天放出一批供人抢购，如果你拿着手机电脑跟普通人一样等着时间到点鼠标下单抢购，那么你就不具备优势。实际上你也根本抢不到，你必须有脚本，最好自己会编程，这才能让你买到，这才是你的优势。房产，一个限购令的推出，天然就让一拨人有了优势，还有一部分人利用漏洞，譬如企业买房不限购等等，也让自己具备了优势。但是很多人可能有一个幻觉，就是觉得自己先入场，占了先机，这就是自己的优势。然而先机这个东西，你到底是不是抢到了，不应该靠自己的感觉判断的。这就好比交易中，恐慌性下跌的时候，有些人会说，别人恐慌的时候，我要贪婪，这不就是少数派的做法吗？于是就进场抄底。然而你知道人们究竟有多恐慌？恐慌人群占交易人群的比例有多少？恐慌是刚开始还是要结束呢？不少人仅仅靠感觉就贸然进场了，实在是太过草率了。所以先机只是一个加分项，但并不属于真正的优势。

回到交易上，你自我感觉在交易上拥有什么优势呢？如果你认认真真看完了本书，我想你暂时性可能会具备一些优势，如何保持住胜利果实，就要看你自己了。如果需要和我交流，可以发邮件到 traderxxx@126.com，也可以用微信扫书背面作者简介处的二维码，关注我的公众号“非典型交易者”，在联系方式中可以找到我的读者专用微信。

很多人写交易书籍，喜欢通过讲故事来告诉大家交易的哲学。而我在这本书上，用的都是最实用的文字。如果你觉得看不懂本书，那说明你可能进入市场不久，不如就此离开市场，以免越陷越深。如果你觉得有所共鸣，那么你处在中期，建议你减少投入本金，不要贪心，不要专职交易，继续修炼。如果你觉得深有感触，如果你还没有赚钱，恐怕你已经没有什么退路了，希望尝尽人间冷暖的你，不要气馁，无论如何都要坚持下去，不要让自己倒在黎明之前。在这里预祝你最终战胜自己，成就自己的理想！

附　录
作者访谈

1 你主要参与哪些市场？为什么会选择这一市场，而非别的市场？

在短线上我喜欢参与那些比较活跃的市场，这样的市场，具备较大的“惯性”，在一些重要位置进场后，行情通常可以迅速拉开距离。国内期货比较活跃的有镍、PP等品种，香港有恒生指数，外盘有道琼斯指数、原油等产品。我一般根据大周期形态选择在一段时间内主做其中一种。而中长线我也做，比较悠闲，一般在外汇上，因为24小时连续，不容易跳空或者低开。

2 有没有那样一个或几个时刻，你突然意识到，自己在交易这条路上真正上道了？

可能大家武侠小说看多了，总觉得会有这么一刻，你可能突然开窍了、悟了、打通了任督二脉。确实会有这种感觉，不过根据我的经验，实际中这样的时刻太多了，99%都是“假开悟”，因为这市场上似真似假的东西太多了，以至于最后我都麻木了，到了最后，真正悟了，我却反而不敢相信了，小心翼翼地去试探，因为只有市场能证明自己。所以千万不要一朝“顿悟”，马上投入重仓操作，我吃过很多亏了。

3 谈谈最让你得意的一笔交易？

最让我得意的交易，不是发生在K线的市场中。我曾经投入过2017～2018年火热的区块链市场，当时有一个知名的虚拟货币，EOS。

这个币在主网上线的时候推出了一种机制，叫“内存”，并非在交易所里买卖，而是通过EOS自己的命令行买卖。我当时看了一篇自媒体文章，阅读人数不多，讲到刚开始有人靠买这个内存一天赚了几倍。我稍微研究了一下，发现在这个事件里我具备了优势：

a.当时绝大多数交易所的EOS，由于主网刚上线，尚且不能提币。也就说，大量潜在买家，将在未来进场。

b.大多数交易者，首先不能提币，无法操作，其次不懂技术，短期内不具备命令行操作买卖EOS内存的能力。

c.我能找到地方（一个小众OTC市场）买到EOS。

于是我判断，虽然晚了一点，但是高潮远未到来，于是果断进场。进场后前两天没什么动静，第三天，价格在一天内上涨了超过20倍。

4 谈谈对你打击最大的一笔交易?

就是我在文中提到过的，发现持仓的所谓“规律”后，贸然介入黄金市场，结果被关跌停板3个交易日，损失惨重，夜不能寐。

5 能否谈谈你在交易之路上经历过的最难熬的日子，你是怎么扛过去的?

只能说靠着信念撑下去，由于长期不能盈利，欠下一屁股债，绝大多数债务并非我在市场中损失，因为我知道自己不稳定，所以都是小资金测试，这些债务主要都是拿来支持生活。那一段时间非常难熬，难以言表。有时我会看看Will Smith主演的电影《当幸福来敲门》，听听Taylor Swift的《Longlive》、Hans Zimmer给蝙蝠侠作曲的纯配乐《Rise》等来鼓励自己。

6 金融市场是一个充满诱惑的市场，每天有无数的机会，谈谈你是如何面对这些诱惑的?

对于成熟的交易者，这些诱惑是不存在的，可能很多人眼里看到的都是机会和诱惑，而我看到的都是陷阱，市场其实充满了危险。

7 你平时写交易日志吗？都记录哪些内容？复盘吗，多久复盘一次，主要复盘什么？

不能稳定盈利的时候会写，我会用手机里带语音识别的软件自动转文字记录我的交易，每一笔进出场单子，为什么进出场，截图或者拍照表明进场原因。也经常复盘，一旦有什么新想法，思路改进，复盘是必须的。不过经常出现复盘还不错，实际交易就差强人意的情况。这些现在已经不需要了，因为模式已经稳定了。

8 当你在一段时间很顺利，不断盈利，你会做些什么？会和平时有什么不同吗？

带家人出去旅游，多陪陪孩子，带他去各种场馆游玩，给家里定一些花钱的目标，譬如本周盈利的5%必须花掉，等等。

9 当你在一段时间很不顺，不断亏损，你会做些什么？会和平时有什么不同吗？

我在稳定盈利之前是一直都很不顺的，每天走路吃饭都在想着交易的事情，在外人看来就是什么也不干，经常走神。

盈利之后，其实不会发生在一段时间内很不顺的情况，在我而言，顶多一两天不顺。如果你的交易系统会让你比较长的周期内不顺，譬如1个月，那估计就是偏机械型的系统，我觉得可以考虑改进。很多人一旦稳定盈利了，觉得自己得道了，既然自己得道了，那么这基本上就是唯一的道，其他道只要理念不合，就是骗子。这是不对的，人的个体差异是很明显的，付出同样的努力读书，有人只能上普通一本，有人却能上北大清华。所以你研究出一个年收益30%的系统，不代表别人不会弄出个年收益120%的系统，部分人的方法，可能就是堪堪及格而已。但是呢，如果你尝试去修改，可能要付出非常大的代价，甚至又走上歧途。所以我只是建议可以考虑修改，却也不建议必须修改。只要你自己觉得舒服，那就是最好的方式。

10 有没有出现过你坚持自己的交易系统，却仍旧持续亏损的情况？这时候你怎么办？

我在上一个回答中说过了，以我个人的性格，我是不能容忍这种系统的。如果出现这种情况，那不是我要不要坚持系统的问题，我会认为这个系统有缺陷。这跟很多人不一样，很多人会告诉你要坚持一个规则，甚至有人说，任何一种方法，只要坚持一致地去执行，都可以走向盈利。在我看来这种人就是故弄玄虚的神棍，反正说话不需要负责。方法一定有优劣高下之分，为什么你要坚持一种低效的方法？但是值得注意的是，请不要在不清楚原理的情况下，给自己的方法加各种各样的过滤器，做各种各样的小规则修改，我绝不提倡这样的修改，这顶多让你在市场里快活一小段时间，整体而言会陷入过于完美化的怪圈。还是要多思考连续亏损背后的原因，深度直达人性为宜。

11 交易中的压力和焦虑你是怎么处理的？

这和我的性格有关，我天性乐观抗压，不是所有人都可以做到我的程度的。大多数时候，放空自己半小时就什么事也没有了，再严重的事情，听听歌，看看电影，出去走走，我就扛过去了。

12 有许多成功的交易员都说自己喜欢重仓交易，你是如何看待重仓交易的？

重仓交易有没有问题，关键是你根据你的交易类型（短线还是长线）控制好单笔交易的风险，其实以国内期货的杠杆而言，如果做1分钟的短线我觉得满仓都嫌杠杆低。但是做的周期大，要隔夜，那么就存在不小的风险了。这种情况最好挑几个走势受外盘影响比较小的品种，分散持仓，降低风险。

13 在资金出现比较大的回撤时，什么样的交易策略比较合适？

我觉得暂停交易，考虑更换你的策略较为合适。

14 如果出现了重大突发新闻，你会不会处置自己的仓位？

如果重大突发新闻是真的突发，我肯定来不及处置我的仓位，就按规则执行就好，如果导致亏损离场，则在市场恢复正常前不要再进场。如果是固定某个时间点内发布的经济数据，那么我一般会提前平仓规避。

15 如何选择交易品种？交易一个品种好，还是几个品种好？

不宜太多，如果你不能稳定盈利，那最好就只交易一个。品种越多你的连亏概率越大，而且最好不要做走势相关度高的品种。如果你一切都成熟了，那就自己看着办吧。

16 你的持仓时间一般多久？进场后，如果你对持有的头寸不再确信，有所怀疑，你会再等等，还是会很快离场？

尽快离场，我在书中说过，一旦进场后市场波动速度变慢，价格并没有快速离开成本位，那么止损概率已经开始动态地不断增大。

17 你平时和别的交易员有交流吗？如果你们在观点和意见上出现分歧，甚至是对立面，你会怎么做，会感到不安吗？

这种交流毫无益处，交易员之间，应该避免交流交易相关内容，谈谈国事，谈谈风月为宜。

18 你每天花几个小时在交易上？你的典型的一天日程是怎样的？

5~10个小时，早期曾经一度高达16小时。我想未来会进一步减少。日程很枯燥，我想没什么特点，就不提了罢。

19 你能很好地平衡交易和生活吗?

我想最终有一天我会放弃短线的，那时候就能达到最好的平衡了。

20 你从交易中赚来的钱，会取出来进行其他投资吗，还是留在交易账户里重新投入交易?

会的，不是只有在市场里交易才能获得好的收益。

21 如果你已经挣够了你心中那个数字，你还会继续交易吗? 你觉得自己什么时候会彻底离开交易市场?

我有一些其他的目标，当我为新的目标专注的时候，我就会放弃短线交易，只做长线，彻底离开应该不大会。

22 如果给从事这一职业的新手3条忠告或经验，你会给哪三条?

新手? 好吧，三条建议是:

①离开这个市场，虽然你听不进去。

②用最少的钱获得稳定盈利后再考虑彻底进场，譬如你可以用200美元在外汇市场起步，并尽量不亏完。也可以

在国内期货市场1手1手地做一个品种。至少做到稳定盈利6个月，再投入大一些的资金。其实这句你也听不进去，我知道的。

③不稳定盈利3年不要考虑专职交易。估计你还是听不进去。

讲一万句道理不如自己摔一跤，可是这一跤的代价可能太大，你想好了吗？

延伸阅读

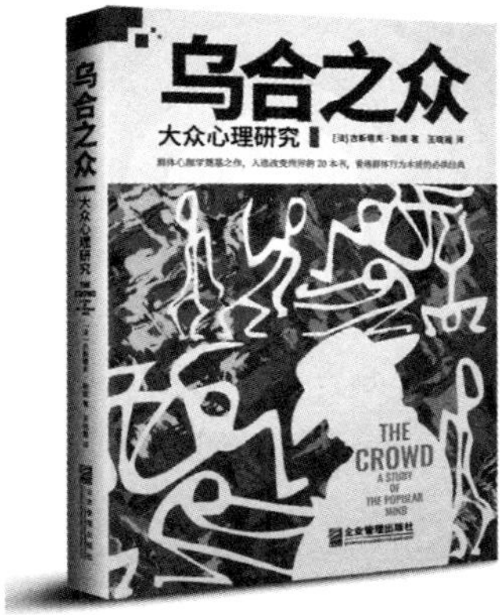

➡《乌合之众：大众心理研究》

“《乌合之众》是一本可怕的书，他将社会大众的心理阴暗面毫不掩饰地暴露在阳光之下，别有用心的人甚至可以利用群体的种种心理弱点作为其权力与财富的抓手。”

——“金融大鳄”索罗斯

➡《大癫狂：非同寻常的大众幻想与群众性癫狂》

“数学不能控制金融市场，而心理因素才是控制市场的关键。更确切地说，只有掌握住群众的本能才能控制市场，即必须了解群众将在何时以何种方式聚在某一种股票货币或商品周围，投资者才有成功的可能。”

——“金融大鳄”索罗斯

“只要如此愚蠢的行为能够继续存在下去，那么一个真正理性的投资者始终有望利用大众的疯狂为自己谋利。具有常识的个体很容易觉察到集体的疯狂，个体将会借此获取巨额的利润。”

——查尔斯·麦基

延伸阅读

知乎作者赛博格Cyborg对交易系统框架、原理及构建的完美阐释

➡《交易的逻辑与艺术》

作者：陈侃迪

*作者将自己近年来在交易之路上的经验总结毫不吝啬地与读者分享，书中关于交易系统的四种情形和临界点、交易中不可能三角的描述分析，是国内难得的关于交易系统底层逻辑的原创思考

*只要在市场交易，你的交易系统就和市场状况、基本假设及仓位资金管理脱离不了关系，本书给了我们交易人最深刻的心灵深处的问题的解答

国内第一本小说体期权交易实战指南

➡《我当交易员的日子：期权波动率交易核心策略与技巧》

作者：徐华康、王美超

*国内罕见的“小说体”期权交易实战指南

*浓缩两位操盘无数的期权“老鬼”的期权波动率交易经验，说透期权波动率交易的核心策略与技巧

*经验丰富的一线期权交易员在期权波动率交易上的历史交易记录，真实再现职业交易员在交易中的所思、所想、所感、所悟

购 书 请 微 信 扫 描 封 底 二 维 码